LA POLITIQUE FISCALE

À la recherche du compromis

PRESSES DE L'UNIVERSITÉ DU QUÉBEC
Le Delta I, 2875, boulevard Laurier, bureau 450
Québec (Québec) G1V 2M2
Téléphone : (418) 657-4399 • Télécopieur : (418) 657-2096
Courriel : puq@puq.ca • Internet : www.puq.ca

Diffusion / Distribution :

CANADA et autres pays

PROLOGUE INC.
1650, boulevard Lionel-Bertrand
Boisbriand (Québec) J7H 1N7
Téléphone : (450) 434-0306 / 1 800 363-2864

FRANCE
AFPU-DIFFUSION
SODIS

BELGIQUE
PATRIMOINE SPRL
168, rue du Noyer
1030 Bruxelles
Belgique

SUISSE
SERVIDIS SA
5, rue des Chaudronniers
CH-1211 Genève 3
Suisse

LA POLITIQUE FISCALE
FISCALE
À la recherche du compromis

Pierre P. Tremblay

2ᵉ ÉDITION

2008

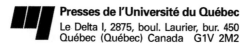

Presses de l'Université du Québec
Le Delta I, 2875, boul. Laurier, bur. 450
Québec (Québec) Canada   G1V 2M2

Données de catalogage avant publication (Canada)

Tremblay, Pierre P., 1946-

La politique fiscale: à la recherche du compromis

2ᵉ éd.

Comprend des réf. bibliogr.

ISBN 2-7605-1019-0

1. Politique fiscale. I. Titre.

HJ192.5.T74 1998   336.3   C98-941314-4

Les Presses de l'Université du Québec remercient le Conseil des arts du Canada
et le Programme d'aide au développement de l'industrie de l'édition du Patrimoine canadien
pour l'aide accordée à leur programme de publication.

Mise en pages: INFO 1000 MOTS INC.

Conception graphique de la couverture: RICHARD HODGSON

Illustration : ©1995 M.C. Escher Foundation, Baarn, Holland. Tous droits réservés

1 2 3 4 5 6 7 8 9 PUQ 2008 9 8 7 6 5 4 3 2 1

Dépôt légal – 3ᵉ trimestre 1998
Bibliothèque nationale du Québec / Bibliothèque nationale du Canada
Imprimé au Canada

À LUCIE

Vers la fin d'un discours extrêmement important
le grand homme d'État trébuchant
sur une belle phrase creuse
tombe dedans
et désemparé la bouche grande ouverte
haletant
montre les dents
et la carie dentaire de ses pacifiques raisonnements
met à vif le nerf de la guerre
la délicate question d'argent

Le discours sur la paix
Jacques Prévert

TABLE DES MATIÈRES

REMERCIEMENTS

Ce livre, fruit de l'enseignement et de la recherche, contient de larges extraits du cours sur la politique et l'administration fiscale que j'assume depuis quelques années au Département de science politique de l'Université du Québec à Montréal. Il comprend des données recueillies dans le cadre d'une recherche sur le comportement du contribuable entreprise avec mon collègue Lawrence Olivier, puis poursuivie et complétée en collaboration avec Guy Lachapelle de l'Université Concordia. Je tiens à souligner la précieuse contribution de Martin Comeau et de Pauline Gélinas dont le dévouement et l'enthousiasme furent constants, et ce, malgré les difficultés considérables auxquelles font face de nos jours les étudiants diplômés de nos universités québécoises. Je tiens également à remercier ceux de mes collègues qui, de diverses manières, ont contribué à la parution de ce petit ouvrage. Enfin, le Conseil de recherches en sciences humaines du Canada a, par ses fonds, soutenu une grande partie de nos activités.

Pierre P. Tremblay

INTRODUCTION

« Compromis : arrangement dans lequel on se fait des concessions mutuelles. »

Le Petit Robert

Les choix concernant les impôts, les taxes et tous les autres modes de
prélèvement des fonds publics occupent une place privilégiée parmi les
décisions difficiles que doivent prendre les gouvernements. À la
question de taxer ou de ne pas taxer tel ou tel groupe de citoyens, tel
ou tel objet ainsi que telle ou telle activité, il n'existe pas de réponse
toute faite qui puisse satisfaire à la fois les autorités gouvernementales et le contribuable. Dans une société libre et démocratique, les
choix fiscaux ne sont jamais définitifs. Ils évoluent au gré des besoins
de ressources et des rapports de force entre les individus, entre les
groupes organisés, entre les institutions, ou entre tous ces acteurs à la
fois. En fait, nous pouvons considérer la fiscalité comme un théâtre
d'affrontements discrets mais réels et constants entre la plupart des
citoyens, un jeu où les plus forts et les plus rusés réussissent à l'em-
porter la plupart du temps. Vu sous cet angle, le système d'impôt en
vigueur ne constitue pas, comme on l'entend souvent, un choix de
société au sens d'un consensus ; mais un compromis fragile et instable
entre des opposants toujours désireux de préserver ou, mieux encore,
d'accroître leurs acquis. Le combat fiscal, puisque cela en est un, se
déroule dans des univers en constante évolution, ce qui a pour effet
de modifier fréquemment les rapports de force entre les intervenants
et de changer les enjeux de l'affrontement. L'objet de la politique
fiscale est donc de rédiger les termes du compromis et de les faire
appliquer en tenant compte des conjonctures économiques, politiques,
sociales, voire culturelles qui prédominent. Autrement dit, la politique
fiscale est l'ensemble des décisions d'un gouvernement à l'égard des

contribuables, des biens et des services qui forment la matière de l'impôt ainsi qu'à l'égard des modes et des techniques possibles d'imposition mises en œuvre.

La politique fiscale se distingue de la fiscalité, de la taxation et de l'impôt, termes qu'on entend plus fréquemment et qu'on substitue à tort l'un à l'autre. Pour bien se situer et mieux comprendre le présent ouvrage, disons tout simplement que l'impôt est un des instruments avec lesquels l'État recueille l'argent nécessaire à ses activités, que la fiscalité est l'ensemble des lois, des règlements et des mesures qui encadrent les activités du fisc et des contribuables, le système fiscal en somme, et que la politique fiscale est l'ensemble coordonné des choix d'une administration en matière d'imposition.

Mis à part les prélèvements auxquels il est soumis, le citoyen ordinaire connaît très peu de choses de la taxation. Sa logique même et les principes sur lesquels elle repose lui échappent ou, du moins, lui semblent contradictoires, voire confus. Par exemple, si généralement on accepte volontiers qu'il y ait une limite à l'imposition des plus pauvres, on comprend plutôt mal qu'une telle limite s'applique aussi aux plus riches. On n'est pas toujours au fait des règles économiques et psychologiques inhérentes à la taxation et qui rendent nécessaire, bien souvent indispensable, l'existence de telles limites ainsi que le recours à un certain nombre d'échappatoires. Les décisions des autorités gouvernementales en la matière créent une large zone de mécontentement où les contribuables sont nombreux à récriminer et à se sentir lésés d'une façon ou d'une autre. L'examen des divers éléments constitutifs de ce phénomène qu'est la politique fiscale permet de lever un coin du voile qui obstrue notre vision de simple citoyen aux prises avec un fisc trop souvent vorace. Cette démarche permet aussi de connaître les principaux acteurs de cette prise de décision particulière, de prendre conscience des enjeux de la fiscalité dans une société et de voir d'un autre œil les avantages et les inconvénients des divers instruments de la politique fiscale.

Outre le fait de nous renseigner sur la pertinence et les objectifs de l'imposition, l'étude de la politique fiscale constitue une source d'information précieuse sur les sociétés elles-mêmes. En effet, comment dissocier la politique fiscale de son univers social puisque, de prime abord, l'imposition est un fait économique, politique, social et culturel. Ainsi, les formes que revêt la taxation ne peuvent être qu'intimement liées aux traditions et aux valeurs d'une collectivité, celles-ci constituant un critère de premier plan dans la sélection des réponses possibles aux questions fondamentales de l'imposition : qui ? quoi ? et comment ?

Les questions qui s'adressent aux responsables de la politique fiscale mettent en évidence le fait que toute société comporte des forces et des faiblesses qu'il faut tantôt développer, tantôt corriger par les moyens disponibles. La fiscalité est l'un de ces instruments d'intervention dont les gouvernements se servent pour développer l'économie et pour en répartir équitablement les fruits ; elle n'est donc pas seulement un moyen de financer l'État. Observer l'univers de la politique fiscale, c'est enfin constater toute l'importance de la relation du fisc et du contribuable pour l'atteinte d'une efficacité optimale de l'imposition.

Dans la perspective d'un lien indissociable entre la fiscalité et la société, ce petit manuel veut offrir au lecteur un guide pour se repérer dans un univers qui lui est malheureusement trop souvent étranger. Il contient cinq chapitres organisés en une séquence logique. Le premier définit la politique fiscale et en identifie les principaux déterminants de même que les grandes missions. Le second chapitre présente les intervenants, c'est-à-dire les personnes et les institutions qui participent de près ou de loin au façonnement et à l'élaboration détaillée de la politique fiscale de l'État. Le chapitre suivant traite des objectifs généraux et des choix de la politique fiscale. Le quatrième chapitre porte sur l'interventionnisme fiscal et sur la réforme fiscale. Enfin, le livre débouche sur la question cruciale des relations entre le fisc et le contribuable.

Cet ouvrage n'est pas une analyse ni une histoire de la politique fiscale comme il n'est pas un exposé sur la fiscalité. Aussi, les personnes, les événements, les statistiques de même que les théories qui y sont mentionnés, voire critiqués, le sont à titre uniquement illustratif. Les experts pourront à l'occasion se désoler du manque de nuance de mon propos et de la brièveté de l'argumentation, mais cela est voulu, l'objectif étant de proposer une grille d'observation et non pas de défendre un point de vue. L'unique but de ce livre est de fournir au lecteur une méthode simple pour faciliter la compréhension d'une partie importante des finances publiques, soit les mesures fiscales. Enfin, ce livre n'est pas dénué de subjectivité. Il véhicule des préjugés que l'auteur entretient à dessein pour provoquer et faire réagir.

CHAPITRE 1

LA POLITIQUE FISCALE

Maurice Lauré (1956) affirme que la politique fiscale débute là où se termine la politique budgétaire. Autrement dit, une fois décidé le recours à l'impôt comme un des modes de financement de l'État, il convient d'en arrêter les caractéristiques fondamentales. Voilà, à son avis, l'objet de la politique fiscale. On choisit alors le mode et la périodicité de prélèvement des fonds publics, les objets d'imposition ainsi que les personnes physiques ou morales [compagnies, associations...] appelées à contribuer de leurs ressources pécuniaires au financement des gouvernements et administrations publiques. La taxation étant, par définition, exclusivement un acte de puissance publique, il revient aux seules autorités politiques de concevoir, de définir et de faire appliquer cette politique.

En principe, tout gouvernement a une politique fiscale. En réalité, il ne peut y avoir de véritable politique fiscale que là où il y a suffisamment de ressources privées dont l'État peut se servir comme une des bases de son financement. Cela exclut donc les sociétés trop pauvres pour avoir une économie digne de ce nom. En d'autres mots, si l'impôt, comme l'indique sa définition classique[1], est un transfert de ressources du patrimoine privé au profit du patrimoine collectif, un État ne peut prétendre à une politique fiscale si la société ne produit pas et ne contrôle pas des richesses en quantité suffisante. En somme, la capacité de produire cette politique suppose un minimum de ressources économiques et une véritable autonomie politique.

---

1.   Voir à ce propos la définition de L. Mehl et P. Beltrame dans *Science et technique fiscale*, Paris, Presses universitaires de France, 1984, p. 77.

La fiscalité

En ce qui concerne maintenant la fiscalité, je tiens à rappeler tout d'abord notre objectif. Notre but est de réduire les impôts, d'aller chercher moins d'argent dans les poches de tous ceux et celles qui, au Canada, travaillent dur pour gagner leur vie.

La politique fiscale d'un gouvernement doit constituer un élément essentiel de sa politique économique et sociale générale. La politique fiscale de notre gouvernement est parfaitement claire.

Premièrement, nos ressources financières sont limitées. Par conséquent, la priorité doit être d'offrir des réductions d'impôt ciblées, qui répondent aux besoins économiques et sociaux les plus cruciaux.

Deuxièmement, lorsque nos finances nous le permettront, des réductions générales d'impôt seront accordées, en priorité aux Canadiennes et aux Canadiens à revenu faible ou moyen.

Troisièmement, le régime fiscal doit être équitable. Cela signifie que les Canadiens doivent payer des impôts en fonction de leur capacité contributive – et que nous devons veiller à ce que tous les impôts dus soient bel et bien acquittés.

Canada, *Le discours du budget 1998, Bâtir le Canada pour le XXIᵉ siècle*, p. 28.

Comme nous venons de le suggérer, l'imposition n'est pas le seul outil de financement des gouvernements et des administrations ; ce financement peut provenir d'autres sources, par exemple de la vente de biens et services publics, des revenus d'intérêts, de l'exploitation du patrimoine public, des opérations d'emprunt sur les marchés financiers, ou encore des transferts intergouvernementaux. Le tableau à la page suivante nous fournit, d'ailleurs, une bonne idée de la diversité des sources de financement. La politique fiscale n'ignore pas ces activités ; au contraire, elle en tient compte puisque, d'une part, elles sont des compléments importants à la taxation et, d'autre part, parce que les budgets publics grugent chaque année une part importante de la richesse produite dans l'ensemble d'une société. On rapporte qu'à l'heure actuelle, pour les pays membres de l'Organisation de coopération et de développement économiques (OCDE), les revenus fiscaux atteignent en moyenne 38,7 % du produit intérieur brut, alors que les dépenses totales dépassent bien souvent 40 %. Recourir uniquement aux prélèvements fiscaux pour financer les dépenses publiques aurait

des conséquences économiques et sociales préjudiciables en raison de
la trop grande pression que les impôts et taxes exerceraient alors sur
le porte-monnaie des individus; ce que personne ne recherche.

Tableau 1

**Revenus autonomes
Prévisions 1996-1997**
(en millions de dollars)

Impôts sur les revenus et les biens	
Impôt sur le revenu des particuliers	13 133
Cotisations au Fonds des services de santé	3 762
Impôts des sociétés[1]	2 707
	19 602
Taxes à la consommation	
Ventes au détail	5 491
Carburants	1 418
Tabac	258
	7 167
Droits et permis	
Véhicules automobiles	480
Boissons alcooliques	131
Ressources naturelles[2]	178
Autres	192
	981
Revenus divers	
Ventes et biens et services	606
Intérêts	282
Amendes, confiscations et recouvrements	332
	1 220
Revenus provenant des entreprises du gouvernement[3]	
Société des alcools du Québec	381
Loto-Québec	876
Hydro-Québec	585
Autres	156
	1 998
Total des revenus autonomes	30 968

Source: Ministère des Finances du Québec.

1) Comprend l'impôt sur le revenu des sociétés, la taxe sur le capital et celle sur les primes qui en tient lieu pour les sociétés d'assurance.

2) Comprend les ressources forestières, minières et hydrauliques.

3) Comprend les dividendes déclarés et la variation des surplus ou déficits accumulés par les entreprises du gouvernement qui sont consolidés avec, comme contrepartie, une réévaluation du placement que le gouvernement y détient.

Une définition générale de la politique fiscale comme celle que nous avons brièvement esquissée dans l'introduction est insuffisante, par ailleurs, pour comprendre les décisions gouvernementales en la matière. Il importe de pousser plus à fond et d'examiner dans un premier temps ses principaux déterminants et, dans un deuxième temps, identifier et décrire les finalités de cette politique; autrement dit, à quoi on veut la faire servir.

Les déterminants de la politique fiscale

Pour arrêter leurs choix de politique fiscale, les responsables gouvernementaux doivent pouvoir évaluer avec le maximum de précision possible les besoins réels en termes pécuniaires, la capacité effective de l'économie à contribuer au financement de l'État ainsi que la pression fiscale déjà exercée sur la collectivité et sur les individus. On sait que ces analyses sont des exercices longs, difficiles et dont les résultats n'ont que trop rarement hélas la précision souhaitée. Le gouvernement canadien a déjà implicitement reconnu ce fait en mettant sur pied un programme de 300 000 dollars afin de réduire la marge d'erreur dans l'établissement des prévisions budgétaires. La réussite ou l'échec des objectifs de la politique de taxation tient en grande partie à l'étendue de la connaissance que les dirigeants ont de ces objets que nous convenons de nommer «les déterminants». Le premier de ces déterminants est sans contredit le besoin fiscal des gouvernements.

Le besoin fiscal

Les gouvernements et les administrations doivent pouvoir compter sur la somme d'argent requise pour assumer le coût de leurs activités. Ce besoin découle du rapport entre l'État et les citoyens. Par différents canaux, la population demande à l'État de produire un ensemble de demandes de biens et de services collectifs ou individuels. De leur côté, les gouvernements et les administrations offrent de produire des biens et des services. La période électorale est l'un des moments forts de la création de l'offre sur le marché politique, les partis politiques se livrant à une surenchère de promesses parfois éloignées, à certains égards, des préoccupations quotidiennes et immédiates d'un bon nombre d'électeurs. La réalisation éventuelle d'une partie de ces offres-promesses accapare toujours plus de ces ressources qui se font rares et qui alourdissent le budget des dépenses. Cette «économie des processus politiques», selon l'expression de Gérard Bélanger (1988), se traduit par une croissance ininterrompue du besoin en ressources pécuniaires.

Les institutions et les appareils administratifs mis en place par l'État, faisant souvent suite à une promesse électorale, constituent un autre facteur, quoique moins visible, de l'augmentation du secteur public et donc du besoin d'argent. William A. Niskanen (1971) a qualifié ce phénomène de «dérive bureaucratique». Cette expression décrit le jeu des employés qui consiste à gonfler la demande de ressources de production sous prétexte qu'il est nécessaire d'accroître la qualité ou la quantité de l'offre au citoyen. Une réponse favorable à cette demande élargit les structures de l'administration publique, gonfle le coût des programmes et, inévitablement, accentue le besoin d'argent.

Le politique et l'administratif ne sont pas les seuls univers où s'élabore l'offre de biens et services publics. Le secteur privé et les secteurs para- et péri-publics ont vite compris qu'ils pouvaient utiliser l'État comme levier pour développer et offrir des biens et des services nouveaux, plus sophistiqués et plus coûteux. Le besoin d'argent est, en somme, la résultante du jeu de l'offre et de la demande qui se déroule entre l'État et le citoyen-consommateur, d'une part, et entre l'État et ses serviteurs, d'autre part.

Il faut distinguer, cependant, le besoin pécuniaire du besoin financier dont il est question dans les documents budgétaires. Comme le soulignait monsieur Paul Martin, dans le plan budgétaire de février 1994 : «Les besoins financiers nets du gouvernement [fédéral] tiennent compte à la fois des opérations budgétaires et des opérations non budgétaires. Ces dernières sont constituées des prêts, des dotations en capital et des avances versées [...]» En somme, les opérations budgétaires sont essentiellement les programmes de dépenses du gouvernement et, idéalement, doivent être financées par l'imposition, tandis que les opérations non budgétaires constituent un type d'investissement qui n'a pas pour effet d'augmenter l'endettement d'un gouvernement.

Au Canada, au cours de la période 1968-1992, le besoin pécuniaire du gouvernement fédéral est passé de 10,8 à 114,0 milliards de dollars, une progression assez impressionnante si on considère le pourcentage du produit intérieur brut que représente ce montant. En début de période, le besoin de financement des programmes de dépenses accaparait 14,4 % du PIB, en 1984-1985, il atteignait un plafond de 19,6 % pour retomber à une proportion plus modeste de 16,7 % à la fin de la période[2]. Il y a donc eu, au cours des dernières années, un effort réel et productif de contrôle des besoins en argent du gouvernement canadien. L'esprit qui nous a amené à distinguer le besoin financier du

---

2.   Voir les Comptes publics du Canada, 1993.

besoin en argent nous pousse encore à séparer le besoin fiscal du besoin pécuniaire. Les revenus généraux des gouvernements et administrations étant constitués d'impôts, de taxes, de prélèvements spécifiques et de revenus non fiscaux, le besoin fiscal correspond donc à la portion (la plus importante) des revenus fiscaux.

Ainsi, un gouvernement, au moment d'élaborer dans sa politique budgétaire (revenus et dépenses), essaie d'évaluer le volume de ressources qu'il peut obtenir par voie de prélèvements fiscaux. Ce faisant, il jauge son besoin fiscal. Ce besoin fiscal s'accélère ou ralentit, non seulement au moyen de l'offre et de la demande, mais aussi par les fluctuations de la capacité contributive des citoyens qui est une façon de mesurer la richesse d'une société.

La capacité contributive

La capacité contributive est la contrepartie directe du besoin fiscal, c'est-à-dire la totalité des ressources pécuniaires que les contribuables sont en mesure de mettre à la disposition des gouvernements et des administrations pour satisfaire les besoins fiscaux. On distingue traditionnellement deux types de capacité contributive : la capacité collective et la capacité individuelle. Pour chacune d'entre elles, il se trouve une capacité brute et une capacité nette.

La capacité collective brute correspond à la richesse estimée d'une société et équivaut, en principe, à la valeur totale des revenus et du capital de l'ensemble des citoyens, des entreprises et des institutions ; on l'évalue habituellement au moyen du produit intérieur brut. Cette richesse est tributaire du niveau de l'activité économique du pays et, par conséquent, du niveau de développement industriel, technologique, intellectuel, commercial, etc. C'est la mesure de cette richesse qui permet, par exemple, de classer le Canada parmi les pays les plus riches du monde ; son appartenance au G7 en fait foi.

Par contre, il tombe sous le sens que ce ne sont pas toutes les richesses d'un pays qui sont disponibles pour le financement des activités de l'État. Une part importante des ressources collectives et individuelles demeure indispensable à la création de la richesse : ce sont, par exemple, les investissements pour l'achat et le renouvellement d'équipements, la construction des immeubles où auront lieu les activités commerciales et industrielles, les programmes de formation de la main-d'œuvre ou toute autre dépense essentielle à la production et au maintien de la capacité concurrentielle. Une autre partie est requise pour l'achat de matières premières, d'énergie, de services professionnels et, enfin, une portion de ces ressources peut tout bonnement servir à rembourser des dettes qui ont été contractées. Une fois tous ces coûts déduits de la richesse totale, il en résulte une capacité contributive collective nette. Cela équivaut alors à la disponibilité réelle des ressources susceptibles d'être imposées.

Les responsables de la politique fiscale seraient donc bien mal avisés de calculer la capacité fiscale d'une collectivité en se fondant uniquement sur la richesse globale. La capacité contributive nette reconnaît donc implicitement l'existence de biens et de services essentiels qu'une fiscalité doit exclure du champ d'imposition si elle ne veut pas affaiblir, voire tarir la source du financement.

Il en va de même en ce qui concerne la richesse des particuliers. La capacité contributive individuelle équivaut à la valeur réelle des ressources que possède un contribuable une fois calculée la valeur des biens et services essentiels à un niveau minimal acceptable de bien-être. Ainsi, le calcul de la capacité contributive de l'individu tiendra compte d'un certain nombre de facteurs pouvant affecter la richesse dont il peut disposer (personnes à charge, frais médicaux, frais de scolarité, etc.). C'est une des raisons pour lesquelles les politiques fiscales en vigueur au Canada et au Québec prévoient, entre autres, des déductions pour les frais de garde des enfants, l'achat de médicaments et autres services médicaux non couverts par un régime d'assurance public, les contributions à des régimes d'épargne retraite et, parfois, pour des frais inhérents à l'emploi. En fait, le fisc personnalise[3] l'impôt de sorte que les déclarations individuelles varient suivant les fluctuations de la situation socio-économique des personnes. C'est ainsi que le formulaire de déclaration de revenus utilisée par le gouvernement du Québec pour l'année 1993 reconnaît quatre situations individuelles particulières: la personne âgée, la personne mariée ou ayant un conjoint de fait, le chef d'une famille monoparentale et l'étudiant. Chacun de ces statuts exige du contribuable individuel des débours que le fisc reconnaît comme étant essentiels au maintien d'un niveau de vie acceptable. Le document de travail publié conjointement par le ministre québécois des Finances et le président du Conseil du Trésor et intitulé *Les finances publiques du Québec: vivre selon nos moyens* (1993) contient une évaluation monétaire des besoins essentiels reconnus. Ainsi, un contribuable marié ayant deux enfants dont l'un

---

3.   On entend par « personnaliser l'impôt » le fait de tenir compte des caractéristiques d'un individu et de tenir compte, aussi, des obligations socio-économiques et culturelles ainsi que des contraintes spécifiques auxquelles il est confronté.

serait atteint d'une infirmité se verrait créditer un montant approxi-
matif de 30 000 $. Ce calcul ne comprend pas toutefois les frais de garde
et le remboursement d'impôts fonciers qui auraient pour effet d'alourdir la facture.

L'essai de définition de la capacité contributive nette des individus nous enseigne donc que la richesse apparente d'une personne ne
correspond pas automatiquement à sa richesse réelle. Ainsi, sur un
plan strictement théorique, il est logique de penser que le médecin a
toujours une capacité contributive individuelle supérieure à celle du
commis de bureau. En effet, le médecin est réputé jouir de revenus
largement supérieurs à ceux du simple employé de bureau aussi spé-
cialisé que ce dernier puisse être. Toutefois, si le médecin en question
a quatre enfants d'âge scolaire dont deux fréquentent l'université et un
est handicapé ainsi qu'une conjointe ne travaillant pas à l'extérieur du
foyer, alors que le commis est célibataire et sans véritables obligations,
il se pourrait fort bien que, en termes réels, la capacité nette de contribution fiscale de celui-ci soit supérieure à celle du médecin.

La notion de biens et services essentiels à la base de la personnalisation de la fiscalité est très élastique ; elle varie selon les sociétés et
les individus. Le nécessaire et l'essentiel se définissent par la culture,
la géographie, le niveau d'industrialisation et le degré de développement technologique du milieu environnant. Par exemple, un Québécois doit utiliser une part importante de ses ressources pour se
protéger du froid, ce à quoi n'est nullement contraint celui qui vit sous
les tropiques. La «nécessité», dans ce cas-ci, est indiscutable. Par
ailleurs, parce qu'il vit dans une société fortement industrialisée et à
haut développement technologique, le Québécois subit une forte pression sociale et économique qui l'incite, par exemple, à acquérir des
biens de communication sophistiqués et coûteux (téléphone cellulaire,
vidéocassette, micro-ordinateur) dont le besoin pour le maintien d'un
niveau de bien-être acceptable est beaucoup moins évident. Ce n'est
plus une question de vie ou de mort, mais cela devient une question de
minimum de consommation nécessaire au maintien du rythme de croissance économique. En revanche, comme la géographie physique de son
coin de pays l'oblige à parcourir régulièrement de grandes distances, il
considérera l'achat d'un véhicule automobile comme une nécessité ;
surtout là où les transports publics n'existent pas.

Tableau 2

Évolution des dépenses de programmes à partir de 1994-95
(en milliards de dollars)

	1994-95	1995-96	1996-97	1997-98	1998-99
Principaux transferts aux particuliers					
Prestations aux personnes âgées	20,5	21,0	21,6	22,3	22,9
Assurance-emploi	14,8	13,5	13,1	13,5	14,1
Total	35,3	34,5	34,7	35,8	37,0
Principaux transferts aux autres paliers de gouvernement					
TCSPS[1]	19,3	18,6	14,9	12,5	11,8
Péréquation	8,5	8,8	8,5	8,3	8,4
Transferts aux territoires	1,2	1,2	1,1	1,1	1,1
Autres transferts fiscaux	−0,4	−0,2	0,1	0,0	0,0
Paiements de remplacement pour programmes permanents	−1,8	−1,9	−2,0	−2,1	−2,2
Total	26,7	26,5	22,6	19,8	19,1
Subventions et autres transferts					
Subventions aux entreprises	3,7	2,3	2,3	1,8	1,5
Indiens et Inuit	3,7	4,1	4,3	4,4	4,4
Aide internationale	2,9	2,2	2,2	2,1	1,9
Sciences et technologie	1,0	0,9	1,7	0,9	0,8
Travaux d'infrastructure Canada	0,4	0,9	0,5	0,6	0,0
Autres	8,3	7,8	7,3	6,8	5,9
Total	20,0	18,2	18,3	16,5	14,5
Sociétés d'État	5,0	4,3	4,3	3,9	3,8
Défense	10,7	9,9	9,6	9,0	8,5
Toute autre dépense	21,0	18,6	19,5	20,8	20,7
Total	118,7	112,0	109,0	105,8	103,5

1. Jusqu'en 1995-96, comprend le Financement des programmes établis (FPE) et le Régime d'assistance publique du Canada (RAPC). À compter de 1996-97, s'applique au Transfert canadien au titre de la santé et des programmes sociaux (TCSPS).

Total des droits au titre du FPE/RAPC et du TCSPS :		29,3	29,6	26,9	25,1	25,1

Total des droits (points d'impôt et espèces) pour les principaux transferts aux autres paliers de gouvernement (TCSPS, péréquation et transferts aux territoires) :   38,2   38,7   35,7   33,6   33,7

Source : Canada, Ministère des Finances, *Budget sous forme graphique*, 1997, p. 43.

En somme, pour vivre de manière satisfaisante, c'est-à-dire selon
les valeurs véhiculées au sein de sa société, le Québécois consomme
une part plus grande de la richesse nationale que ne le fait l'insulaire
vivant dans un pays où l'industrialisation est un terme dénué de sens.
L'élasticité du concept des biens et services essentiels conduit à une
définition non plus « réelle » de la capacité contributive, mais elle
amène une définition « sociopsychologique ». Ainsi élargi, ce concept
donne lieu toutefois à certaines méprises ou plus carrément à certains
abus, tant de la part des particuliers que des entreprises. La tentation
est forte pour le contribuable de surévaluer ses besoins essentiels et de
réclamer des déductions et crédits d'impôts auxquels, en toute légitimité, il ne devrait pas avoir accès. Ces abus n'enlèvent toutefois rien à
la pertinence de la définition de la capacité contributive qui prend en
compte non seulement le fardeau économique, mais aussi la charge
sociale du contribuable.

**Le calcul du besoin fiscal
et de la capacité contributive**

Les calculs pour déterminer la valeur nette du besoin fiscal d'un gouvernement et la capacité contributive du citoyen se font en utilisant
des bases qualitative et quantitative. La première est formée de l'ensemble des opinions émises par des experts, des membres du gouvernement ou des représentants de groupes de pression sur l'état de
l'économie, le comportement prévisible du contribuable, etc. Fondées
ou pas, contradictoires ou consensuelles, ces opinions sont « écoutées »
par les décideurs de la politique fiscale. C'est ainsi qu'on a pu entendre
que les limites de la capacité contributive des Canadiens et des Québécois ne sont pas encore atteintes et qu'il suffirait de diminuer la taille
du marché noir pour trouver un nouvel espace fiscal. D'autres, au
contraire, estiment que le contribuable est essoufflé et que le seuil de
tolérance à l'impôt est déjà dépassé. Où se trouve la vérité ? Nul ne le
sait exactement, probablement quelque part entre ces deux évaluations. Cette base est fort utile puisqu'elle renseigne les responsables de
la politique fiscale sur l'humeur des contribuables qui sont, pour la
plupart d'entre eux, des citoyens et des voteurs. Irwin Gillespie dit,
d'ailleurs à ce propos, que les gouvernements tendent à mettre en place
des mesures fiscales susceptibles de maximiser leurs gains politiques[4].

---

4. *Cf.* Irwin J. Gillespie, *Tax, Borrow and Spending, Financing Federal Spending in
   Canada 1867-1990*, Ottawa, Carleton University Press, 1991, 347 pages. Voir en
   particulier le chapitre 2 intitulé le « Positive Model of Revenue », p. 14 à 47.

La seconde base de calcul est moins aléatoire. Elle est constituée d'un ensemble de statistiques et d'indicateurs économiques et sociaux au nombre desquels on peut retrouver la structure de la population en termes de groupes d'âge, les variations de la croissance de la population, le niveau de l'immigration, le taux d'emploi, le PIB, l'indice des prix à la consommation, la mobilité des contribuables – en termes de capacité d'investir, de dépenser et de confier son épargne à l'étranger –, le revenu disponible par habitant, les coûts d'exploitation de l'appareil d'État, les paiements de transferts aux administrations des sous-paliers gouvernementaux, aux entreprises ainsi qu'aux individus, le remboursement de la dette et de ses intérêts, etc. L'analyse de diverses combinaisons de ces éléments en rapport avec le coût actuel des services publics permet, par extrapolation, de déterminer, d'une part, le montant de la facture des services publics pour l'avenir et, d'autre part, la capacité actuelle et future de la collectivité à financer lesdits services.

En dépit de leur caractère scientifique, ces calculs ne débouchent pas sur un aperçu incontestable. Ils laissent encore place à l'interprétation, de sorte que les choix fiscaux des décideurs seront formulés à partir d'hypothèses non vérifiées sur la situation réelle de l'économie et des contribuables. Par exemple, certaines statistiques socio-économiques incitent à conclure que le besoin fiscal du gouvernement du Québec n'a cessé de croître ces dernières années. En effet, de 1987 à 1991, la population québécoise s'est accrue de 252 000 habitants, alors que le taux de chômage passait de 10,3 % à 11,9 % et que la valeur des faillites commerciales faisait un bond de près de deux millions pour s'établir à 2 301 621 $. À la lumière de ces indicateurs, le besoin fiscal apparaît plus grand ; autrement dit, l'État doit dépenser plus pour soutenir une population plus nombreuse et moins active. Une économie ainsi fragilisée, et dans laquelle les dépenses incompressibles[5] du gouvernement effectuent une ponction croissante, ne peut mener qu'au gonflement du besoin fiscal et à la réduction de la capacité contributive.

En revanche, une analyse de la situation à l'aide d'autres indicateurs trace un portrait différent de la situation. On constate alors que, pour la même période, l'emploi total est passé de 2 918 000 à 2 987 000, pendant que la rémunération horaire moyenne connaissait une hausse de 2,37 $, que le taux d'épargne augmentait de 1 %, que le revenu

---

5. Les dépenses incompressibles d'un gouvernement ou d'une administration sont des dépenses qu'il s'est engagé à faire par convention collective, contrat d'emprunt (intérêts de la dette) ou encore par des lois spécifiques comme, par exemple, la loi fédérale sur l'assurance-emploi.

annuel personnel disponible par habitant grimpait de près de 3 000 $ pour se fixer à 15 851 $, et, enfin, que le produit intérieur brut par habitant croissait lui aussi de 3 000 $ pour s'établir à 22 808 $. En somme, selon cette nouvelle version, la capacité contributive aurait suivi, toujours pour la période s'étendant de 1987 à 1991, la courbe de croissance du besoin fiscal.

Tableau 3

Produit intérieur brut en termes de revenus
Québec, 1976-1991

(en millions de dollars)

Revenu	1976	1979	1982	1985	1988	1991*
01 Rémunération des salariés	28,403	38,545	51,790	61,753	77,489	89,256
02 Bénéfices des sociétés avant impôt	4,295	6,808	4,903	8,781	14,358	6,637
03 Intérêts et revenus divers de placements	2,805	4,732	6,379	8,255	11,332	13,664
04 Revenu net des exploitants agricoles au titre de la production agricole	413	624	639	750	872	1,055
05 Revenu net des entreprises individuelles non agricoles, loyers compris	2,124	2,678	3,667	5,721	7,179	8,070
06 Ajustement de la valeur des stocks	−561	−1,912	58	−401	−783	442
07 Revenu intérieur net au coût des facteurs	**37,479**	**51,475**	**67,436**	**84,859**	**110,447**	**119,124**
08 Impôts indirects moins subventions	5,335	6,671	9,678	11,986	17,434	20,471
09 Impôts indirects	6,593	8,161	12,236	14,879	19,751	23,413
10 Subventions	1,258	1,490	2,558	2,893	2,317	2,942
Dont: subvention fédérale à l'importation du pétrole	607	471	863	307	–	–
11 Provisions pour consommation de capital et ajustements divers	4,883	6,793	9,114	11,099	14,051	16,523
12 Produit intérieur brut aux prix du marché	**47,697**	**64,939**	**86,228**	**107,944**	**141,932**	**156,118**

* Prévisions

L'hypothèse d'une fluctuation parallèle du besoin fiscal et de la capacité contributive se renforce si on regarde la situation économique de la famille canadienne (incluant le Québec) sur une période de

30 ans, comme l'a fait le Fraser Institute (1992). Cette étude révèle
que la part du revenu consacrée aux biens essentiels a diminué pendant que les dépenses de paiement de taxes et d'impôts augmentaient
de façon considérable. En effet, on apprend de l'analyse du Fraser
Institute que la famille canadienne moyenne dépensait, en 1961,
35,2 % de son revenu pour se loger, se nourrir et se vêtir, et qu'elle
consacrait 22,1 % de ce même revenu en impôts de toutes sortes.
Aujourd'hui, cette même famille alloue 25,5 % de son revenu aux
dépenses de première nécessité et en verse 31,5 % au fisc. Force est
donc de reconnaître que le total de ces deux catégories de dépenses est
demeuré à peu près inchangé, soit 57 %.

Quelle conclusion tirer de cet exposé sur le calcul de besoin fiscal
et de la capacité contributive? D'une part, que les chiffres ne parviennent pas à déterminer, sans équivoque, si la capacité contributive
a finalement augmenté ou diminué laissant pour seule certitude un
réaménagement de la structure des dépenses et la modification de la
capacité contributive. D'autre part, les indicateurs sont insuffisants, à
eux seuls, pour permettre aux ministres des Finances de concevoir une
politique fiscale qui réponde parfaitement à la situation réelle; la « réalité » n'étant mesurable que de manière bien approximative. Les décideurs de la politique fiscale doivent donc, en partie, se laisser guider
dans leurs choix par leur propre jugement et par leurs opinions, qui
peuvent être fort différents, pour toutes sortes de raisons, de ceux des
experts consultés.

Le besoin fiscal et la capacité contributive sont deux déterminants très puissants de la politique fiscale. Cependant, cette politique
doit, pour être opérationnelle et efficace, prendre en compte deux
autres facteurs : la pression fiscale et le seuil de tolérance du contribuable à l'imposition.

La pression fiscale et le seuil de tolérance

Dans le langage de la science fiscale, on dit que les gouvernements et
les administrations font un effort fiscal; le contribuable subissant alors
une pression fiscale. En clair, les autorités responsables de la politique
fiscale exploitent en partie ou en totalité le champ d'imposition disponible, cela a pour effet de modifier à la hausse ou à la baisse la somme
d'argent que le contribuable doit donner au fisc. Le calcul de l'effort
fiscal fait appel à des modèles mathématiques fort complexes et nécessite souvent une base comparative entre plusieurs gouvernements. Par
contre, la pression fiscale peut assez facilement être mesurée par rapport au PIB. Ainsi, on peut observer que l'ensemble des contribuables

canadiens subissaient en 1961 une pression équivalente à 22,6 % de la valeur totale du produit intérieur brut. Trente ans plus tard, cette pression atteignait 37,5 % ; une progression de 170 %. Comparativement, dans l'ensemble du revenu familial, le fardeau fiscal progressait de 142 % au cours de cette période, alors que la pression exercée par les dépenses dites essentielles diminuait, pour sa part, de 138 %. Cela revient à dire que le poste budgétaire qui a le plus progressé est celui des impôts et taxes. Ce phénomène est encore plus évident au Québec qu'ailleurs au Canada.

Par ailleurs, la pression fiscale, tout comme l'effort fiscal des gouvernements, varie sensiblement d'une province à l'autre (Fraser Institute, 1992) et en fonction des classes de contribuables. Par exemple, à l'heure actuelle, le fardeau moyen de l'impôt au Canada oscille autour de 10,72 % pour les plus pauvres et autour de 35,82 % pour les plus riches. C'est le cas notamment au Nouveau-Brunswick et en Ontario. Pour Terre-Neuve, on note un écart plus faible entre ces deux groupes, soit une différence de 18,12 %. Au Québec, la variation est de 24,87 %.

La pression fiscale, si l'on se fie au sentiment populaire, ne saurait s'accroître indéfiniment. Il existerait des limites au poids du fardeau des impôts. Lucien Mehl et Pierre Beltrame (1984) sont d'avis que la progression des prélèvements fiscaux peut effectivement être freinée soit par l'opposition sociale qu'elle est susceptible de provoquer, soit par les distorsions économiques qu'elle engendre, ou encore par les difficultés administratives à effectuer les prélèvements. Différents événements ou divers phénomènes servent d'ailleurs d'indicateurs de la proximité ou du dépassement du seuil de tolérance. Une recrudescence de la fraude fiscale ou une augmentation perceptible de l'économie souterraine, par exemple, sont de bons révélateurs de l'exaspération des contribuables. De quelle nature sont ces seuils de tolérance ? Psychologiques, sociopsychologiques, économiques ? Nous ne le savons pas de manière très précise.

En fait, le seuil de tolérance qui nous intéresse dans le cadre de ce livre est le point de rupture à partir duquel le contribuable tente par tous les moyens possibles de diminuer son fardeau fiscal. Il aura alors recours à divers subterfuges pour masquer son revenu réel ou à des ruses pour éviter les impôts à la consommation en achetant, par exemple, les produits de la contrebande. On admet facilement, tant chez les gouvernements que chez les contribuables, l'existence de ce phénomène. Mais on le connaît mal et on éprouve beaucoup de difficultés à le situer. On aura beau se demander : À partir de quel taux de prélèvement fiscal le contribuable «démissionne»-t-il? Il n'est pas encore possible de répondre de façon satisfaisante et définitive à cette question. La première difficulté qu'il nous faut résoudre est la prise en compte d'une multitude de facteurs allant de l'économique au culturel en passant par le psychologique. Ces facteurs se conjuguent au gré des conjonctures et en fonction de prélèvements fiscaux spécifiques de même qu'en fonction de la quantité et de la qualité des services publics.

L'économiste américain Arthur Laffer a illustré le phénomène du seuil de tolérance en traçant une courbe qui porte désormais son nom[6]. En s'appuyant sur la loi des rendements décroissants, il a établi que lorsque la pression fiscale excède un seuil d'imposition x, les recettes diminuent en proportion de l'augmentation de la pression fiscale. Suivant cette analyse, un taux d'imposition de 100%, comme l'indique la figure 1, ne devrait théoriquement générer aucun revenu puisqu'on aurait d'ores et déjà découragé toutes formes d'activités génératrices de prélèvements fiscaux. L'agitation que nous avons connue au Canada autour de la taxe sur les produits du tabac est un bel exemple de ce phénomène. On a constaté qu'au moment où la taxe sur les cigarettes atteignait un niveau sans précédent, les revenus tirés de cette imposition décroissaient. La surtaxation ayant contribué à l'éclosion d'un marché de contrebande au lieu d'enrichir les coffres de l'État, d'une part, et de ralentir la consommation comme le souhaitait le lobby anti-tabac, d'autre part.

Dans ce cas précis, il semble tout à fait possible de situer le seuil de tolérance. En ce qui concerne l'impôt sur le revenu, cela est beaucoup moins facile. Un argument fort populaire chez les opposants à l'impôt progressif sur le revenu est qu'une imposition trop lourde émousse la volonté des individus à travailler et à produire. Les recherches de George Break (1957), de Morgan, Barlow et Brazer (1965), de Fields et Stanbury (1970) ou de Margaret Bobey (1978) ont, toutefois, mis en doute l'effet d'éviction ou de désincitation au travail de l'impôt progressif sur les salaires. On explique cela (McCready, 1984) par la méconnaissance, chez l'individu, du taux marginal réel, du clair-obscur dans lequel baigne la relation travail–imposition, par la faible capacité qu'ont la plupart des salariés de choisir et de moduler leurs heures de travail et finalement, par le fait que les professionnels

---

6. On raconte que cette intuition lui est venue au cours d'une discussion lors d'un repas pris dans un restaurant. Il aurait alors dessiné cette fameuse courbe sur une serviette de papier. Gageons que c'était au moment de payer l'addition. En fait, Laffer appliquait à l'imposition une loi économique bien connue : celle du rendement décroissant.

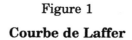

Figure 1

Courbe de Laffer

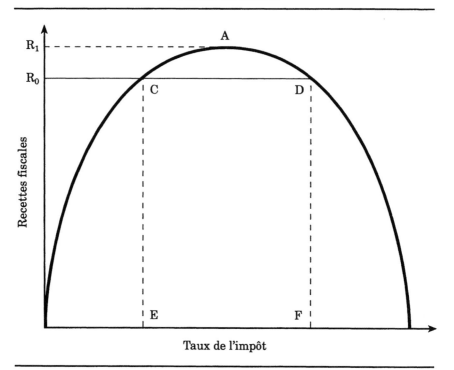

Taux de l'impôt

sont motivés par beaucoup d'autres facteurs que l'argent et l'impôt. En revanche, l'augmentation du travail au noir pourrait fort bien être considérée comme une manifestation de l'imminence de l'atteinte ou du dépassement du seuil de tolérance général à l'imposition.

Le seuil de tolérance à l'impôt n'est pas stable : il varie selon les conjonctures politiques, économiques et sociales. La démonstration en a été faite par Alan Peacock et Jack Wiseman qui, après avoir observé pendant plusieurs années les données sur les recettes fiscales du gouvernement britannique, ont conclu que le seuil de tolérance se déplaçait. En fait, ils ont noté que les recettes fiscales du gouvernement n'augmentaient pas de façon continue ; la courbe de progression avait plutôt tendance à épouser la forme d'un escalier. Ces chercheurs ont déduit que les brusques augmentations correspondaient à la manifestation d'événements d'une haute intensité « émotionnelle » tels que les guerres et les crises économiques ou sociales.

De tels événements peuvent être à ce point «traumatisants» pour l'ensemble de la collectivité que cette dernière demande alors à l'État d'intervenir même si, pour ce faire, il lui faudra supporter une hausse sensible du fardeau fiscal. Le traumatisme de l'événement étant plus fort que celui de l'imposition, le contribuable opte spontanément pour le second; c'est un réflexe que nous pourrions qualifier de naturel face au danger. Cette théorie avancée par Peacock et Wiseman est connue comme étant l'hypothèse de déplacement du seuil de tolérance des contribuables. Des sondages ont, en effet, montré que les contribuables canadiens seraient prêts à accepter une augmentation de leur fardeau fiscal s'ils avaient l'assurance que cette ponction additionnelle serait utilisée non pas pour le remboursement des intérêts de la dette, mais pour la production de vrais biens et services publics. C'est ainsi que le sondage CROP–*L'actualité* (janvier 1994) publié le 15 mars 1994 a révélé que les Québécois sont encore prêts à poursuivre leur effort... mais après que les gouvernements auront démontré une volonté de réformer leur propre gestion et qu'ils se seront mis à la tâche.

Bref, le seuil de tolérance à l'imposition est un déterminant de la pression fiscale tout comme le sont le besoin fiscal et la capacité contributive. Les responsables de la politique fiscale se doivent donc d'évaluer tous ces facteurs avec le plus de précision possible, et ce, malgré les difficultés considérables que nous avons relevées.

Les missions de la politique fiscale

Une définition de la politique fiscale ne saurait être complète sans une description de ses finalités. Aujourd'hui, on affirme que les systèmes fiscaux jouent trois rôles; il n'en a pas toujours été ainsi. Jusqu'au milieu des années 1930, les gouvernements des sociétés industrialisées et leurs administrations avaient un champ d'action réduit et une taille plutôt modeste. Les idées de John Maynard Keynes et la théorie marxiste n'ayant pas encore eu le temps d'imprégner la chose publique, le concept dominant de l'État était encore très étriqué. Ce dernier, croyait-on à l'époque, devait se faire aussi peu dérangeant que possible et se consacrer principalement à maintenir la sécurité des frontières et la paix entre les citoyens. On était encore loin de l'État-providence qui allait transformer les structures des administrations publiques surtout au cours des années 1960. Au temps de l'État-gendarme, la politique fiscale avait pour seule et unique finalité de procurer aux autorités gouvernementales le minimum de ressources nécessaires au maintien de la sécurité des citoyens et des frontières ainsi qu'au maintien de l'administration générale.

Ce concept minimaliste ne devait pas résister à la crise économique de 1929 qui mit en lumière les défaillances cycliques du tout-puissant marché et les désastreuses conséquences sociales qui en résultaient. C'est alors que convaincus par les théories de Keynes[7] sur l'emploi, l'intérêt et la monnaie, les États industrialisés se convertirent peu à peu à l'interventionnisme et à l'utilisation du pouvoir budgétaire pour la relance de l'économie en temps de récession et pour le soutien du développement économique en d'autres temps. L'interventionnisme mis au goût du jour dota l'État traditionnel d'un nouveau rôle : celui de concevoir et de gérer des politiques économiques avec mission d'assurer l'équilibre macro-économique (Weber, 1989). Les budgets gouvernementaux devinrent ainsi un facteur de plus en plus crucial de la santé économique des sociétés. Le keynésianisme allait donc mettre fin à la neutralité de la politique fiscale. La structure de taxation avait dorénavant une incidence économique qu'on ne pouvait plus ignorer.

C'est avec les percées de la théorie marxiste et de ses préoccupations de redistribution de la richesse (Bauche, 1992) que, à compter de la fin de la Deuxième Guerre mondiale, le modèle de l'État allait à nouveau subir une mutation et acquérir la nature providentielle qu'on lui connaît depuis lors. Dans le but d'optimiser le bien-être individuel et collectif, les gouvernements allaient désormais multiplier les programmes de dépenses publiques, notamment ceux concernant l'éducation, la santé et le bien-être. Parallèlement, la fiscalité devenait un instrument de transport d'une partie de la richesse des nantis vers les défavorisés. On était persuadé alors que la progressivité des contributions obligatoires allait permettre une allocation plus juste des ressources et inévitablement une égalité croissante entre les individus. C'était bien avant les travaux de Joseph Pechman (1986) qui allaient éventuellement tempérer cette euphorie. L'État-providence a ainsi ajouté à la politique fiscale une troisième mission, celle de réduire les écarts sociaux et économiques entre les individus.

Des missions complémentaires

Les trois missions attachées au modèle de l'État-providence forment un tout cohérent. En effet, l'État moderne, démocratique et industrialisé ne pouvant trouver ses ressources ailleurs que dans l'économie

---

7. Pour un bon aperçu du keynésianisme, nous recommandons de consulter le petit ouvrage de Michael Stewart, *Keynes*, 1969, Paris, Éditions du Seuil, 141 pages.

privée, il est donc de son intérêt que celle-ci soit la plus dynamique et la plus productive possible. Or, un développement économique durable requiert une main-d'œuvre toujours plus nombreuse et toujours plus qualifiée. Une population majoritairement démunie et malade ne peut pas constituer le bassin de producteurs dont la croissance économique a un besoin vital. Le développement et la richesse durable d'une société ne peuvent être garantis que par la capacité du plus grand nombre de citoyens à investir dans le progrès économique par la consommation et l'épargne; d'où l'impératif de la redistribution des ressources. En retour, il faut une administration forte et présente pour veiller à la redistribution des richesses produites par le système économique.

Une part importante des difficultés économiques que connaissent la presque totalité des pays industrialisés à l'heure actuelle est due, en partie du moins, à l'échec relatif des politiques de redistribution. En effet, au Canada, par exemple, la part de revenu accaparé par les plus riches est passé de 53,60 % en 1961 à 57,58 % en 1992. Au cours de la même période, la classe moyenne voyait sa part du revenu diminuer de 35,60 % à 33,20 %. Une perte semblable affligeait les plus pauvres (Fraser Institute, 1992). Les résultats se font sentir en termes de chômage persistant et de diminution du pouvoir d'achat réel; des conséquences économiques graves s'ensuivent.

Sans lui imputer la totalité du blâme, on peut attribuer à la politique fiscale un rôle non négligeable dans la timidité de la redistribution des richesses. En effet, si on examine sur une période plus courte la répartition du fardeau de l'impôt personnel, on observe un alourdissement chez les plus défavorisés et chez la classe moyenne, tandis que l'on constate un allégement du fardeau fiscal des nantis. De 1976 à 1992, la part de ces derniers a diminué de 67,8 % à 65,7 % alors que celle de la classe moyenne grimpait de 29,5 % à 30,1 %. Pendant ce temps, les plus pauvres devaient assumer un fardeau qui croissait de 2,7 % à 4,2 %. Évidemment, ces statistiques ne sauraient être concluantes et doivent être interprétées avec prudence. Elles n'en indiquent pas moins, cependant, l'existence d'un lien, ne fût-il que concomitant, entre la distribution du fardeau fiscal et la répartition de la richesse.

Les trois missions des politiques fiscales en vigueur dans les États modernes et industrialisés sont, comme nous venons de le dire, indéniablement complémentaires. La théorie économique classique ne peut plus, comme le soutient Irwin Gillespie (1991), expliquer de manière complète et satisfaisante les orientations et les contenus des politiques fiscales. L'échec de l'une des missions a des répercussions sur les deux autres et le déséquilibre de l'ensemble met en péril la santé et le développement économique et, éventuellement, les acquis sociaux ainsi que, dans certains cas, les acquis politiques[8]. La difficulté de rendre ces trois missions harmonieuses et efficaces est probablement une des causes de la remise en question de l'État-providence dans de nombreux pays. C'est à ce défi que doivent être sensibilisés les responsables et les divers intervenants de la politique fiscale.

8. Cette question sera de nouveau abordée au chapitre 4 portant sur l'efficacité et la réforme de la politique fiscale.

CHAPITRE 2

LES RESPONSABLES
ET LES INTERVENANTS

Les médias nous ont conditionné à attendre fébrilement chacun des discours du budget que les ministres des Finances prononcent devant les assemblées parlementaires. On a toujours le sentiment qu'il s'apprête à dévoiler quelque secret bien gardé. Le principe du secret budgétaire entourant le texte définitif du discours a entretenu fort longtemps ce mythe. La réalité est fort différente. Le ministre fédéral des Finances actuel, monsieur Paul Martin, l'a reconnu implicitement dans un propos que nous avons extrait du document *Aborder les choix ensemble* : « Le processus de consultation a été lancé de manière que la préparation du budget se déroule non plus à huis clos, dans le plus grand secret, mais dans des forums aussi ouverts que possible [...] » Contrairement à ce que le ministre déclare, la consultation n'est pas une nouvelle façon de préparer la politique budgétaire. Il n'a fait que reconnaître la nécessité d'une consultation publique et de l'élargir à l'ensemble des Canadiens. Le secret, puisqu'il en reste, demeure circonscrit au texte définitif ; les raisons qui en justifient l'existence étant toujours valables[9].

En effet, l'orientation générale du discours fait l'objet depuis longtemps d'une consultation – bien que discrète – auprès de nombreuses personnes, organisations ou institutions affectées de quelque manière par les politiques budgétaires des gouvernements et des administrations. Ceux et celles ainsi « sondés » deviennent autant d'acteurs de la politique fiscale ; celle-ci étant le résultat de l'interaction d'acteurs de provenances diverses et dont les intérêts particuliers sont, plus souvent qu'autrement, difficilement conciliables. Le défi des responsables de la politique fiscale étant de parvenir à un compromis satisfaisant pour la plupart des acteurs.

---

9. Voir à ce propos J. Harvey Perry, *Taxation in Canada*, 1990, p. 254-257.

On regroupe les acteurs en deux catégories : les acteurs officiels, d'une part, et les acteurs officieux, d'autre part. Les premiers sont en fait les responsables de l'élaboration de la politique fiscale pour laquelle ils sont, dans des proportions différentes certes, imputables devant la population et les seconds des intervenants. Le jeu de ces acteurs est influencé par un ensemble de facteurs qui concourent à définir le contexte dans lequel va se situer la consultation et les éventuelles décisions du gouvernement concerné.

Un jeu de relations de pouvoir

Les relations de pouvoir dans une société sont déterminées par plusieurs facteurs dont certains sont institutionnels, d'autres économiques ou sociaux, voire culturels. L'analyse des finances publiques ne saurait négliger ces facteurs (Doern-Maslove-Prince, 1991). Les uns, notamment les facteurs institutionnels, peuvent être qualifiés de permanents étant soit le fait de lois, de mœurs, de traditions ou encore de traits culturels. De ce nombre, les principaux seraient, dans le cas du Canada en particulier : le fédéralisme, le gouvernement responsable, la charte des droits et libertés, le capitalisme, les groupes d'intérêts, les médias et les institutions internationales. Tous ces facteurs, par leur nature, imposent une démocratisation des échanges et instaurent un principe de négociation permanente et multipartiste de toutes politiques publiques et, par conséquent, de la politique fiscale.

Les facteurs ponctuels sont plus difficiles à saisir en raison de leur caractère aléatoire. Il peut s'agir des crises sociales ou économiques comme les récents conflits avec les autochtones, par exemple, ou encore la récession dont on arrive difficilement à sortir. Cela peut mettre en cause aussi des événements internationaux qui viennent perturber la paix entre les nations ou qui bouleversent l'échiquier politique créant du coup un bon nombre de turbulences. Tous ces événements modifient la perception que peut avoir l'opinion publique des acteurs qui s'affrontent sur la question des orientations à donner à la politique fiscale.

Un jeu sur plusieurs scènes

Le débat sur la taxation n'est pas confiné au seul cadre institutionnel. C'est un affrontement dont le théâtre se divise en plusieurs scènes où certains acteurs, en fait les plus influents, se déplacent au gré des événements et des enjeux. Tantôt le jeu se déroule sur la scène principale et s'adresse au grand public, tantôt on dialoguera discrètement sur une scène légèrement en retrait, et seuls quelques initiés pourront percevoir le jeu fiscal. Parfois, on pourra entendre de la grande scène des échos en provenance des « coulisses ». On apprendra alors de la bouche d'une agence d'évaluation de crédit comme Standard & Poors par exemple, que les milieux financiers ont une nette préférence pour une politique fiscale moins interventionniste. Une réplique du monde syndical prononcée par un de leurs représentants inviterait, au contraire, le gouvernement à hausser l'impôt sur le profit des entreprises. C'est donc à une description des différents acteurs et de leurs rôles respectifs que nous vous convenons maintenant.

Les responsables ou les acteurs officiels

Au Canada, c'est en fonction des articles 91 et 92 de l'*Acte de l'Amérique du Nord britannique* de 1867 que sont répartis les pouvoirs et les compétences en matière d'imposition et de finances publiques. Ces pouvoirs et compétences sont partagés entre deux ordres de gouvernement : le gouvernement central et les gouvernements des provinces et des territoires. Les administrations municipales étant, en vertu de l'article 92 de la constitution, une création des provinces, leurs compétences en la matière sont déterminées par ces dernières.

Les acteurs premiers de la politique fiscale canadienne sont donc les gouvernements fédéral et provinciaux. Cependant, il est important de souligner que le fédéral jouit d'une préséance en raison de son pouvoir illimité de percevoir les deniers publics et parce qu'on lui a confié la gestion des outils de la politique économique, notamment la monnaie et le pouvoir de légiférer en matière d'échanges et de commerce. De plus, au Canada, le gouvernement central verse d'importantes sommes d'argent aux administrations provinciales et aux individus en guise de paiements de transferts. Ces programmes représentaient en 1993 une somme de 85,5 milliards de dollars, soit 70 % du total des dépenses de programmes du fédéral (Comptes publics, 1993). Pour la plupart des provinces, ces versements sont vitaux ; elles doivent donc attendre que soit rendu officiel le plan financier du gouvernement fédéral avant d'arrêter leurs propres plans budgétaires. C'est pourquoi le discours du budget fédéral précède la plupart du temps ceux des provinces.

Cela dit, la politique fiscale, bien qu'elle soit préparée et annoncée par le ministre des Finances, est l'affaire de plusieurs responsables et en premier lieu de l'exécutif, c'est-à-dire du conseil des ministres.

Le conseil des ministres

Le conseil des ministres – le Cabinet comme on le nomme au fédéral – est organisé en divers comités dont certains sont permanents et d'autres « ad hoc ». Ces comités sont chargés de la gestion d'activités ou de secteurs spécifiques du gouvernement. Tous ne sont pas d'importance égale. On comprendra que les comités responsables de la gouverne des affaires économiques et financières représentent des éléments stratégiques dans le processus de prise de décision en matière de finances publiques. Les ministres qui y siègent sont, en règle générale, des ministres « seniors », qu'on appelle bien souvent les « poids lourds » du gouvernement. Ce sont eux en fait qui, sous la direction du premier ministre, vont fixer les priorités et les objectifs du gouvernement. Ces priorités et ces objectifs représentent, pour l'élaboration de la politique fiscale, des orientations fondamentales.

Le ministre des Finances

Au sein de l'exécutif, la responsabilité de la politique fiscale repose entre les mains du premier ministre en tant que chef du gouvernement et entre celles du ministre des Finances. Si le premier ministre jouit du pouvoir final de décision, le second est l'artisan de cette politique.

Le ministre des Finances, comme tout autre ministre d'ailleurs, n'est pas nécessairement nommé en raison de son expertise en matière économique. Certains titulaires de ce portefeuille n'avaient jamais fait carrière auparavant dans les milieux d'affaires et de la finance. Cependant, en raison de l'importance stratégique de ce poste, le chef de gouvernement y nommera, dans la mesure du possible, une personne qui a acquis une certaine crédibilité en la matière. Par exemple, Jacques Parizeau, à l'époque des premiers gouvernements du Parti québécois, et Michael Wilson, chez les Conservateurs fédéraux ou, encore, Paul Martin, l'actuel ministre fédéral, étaient considérés comme des titulaires « naturels ». Par contre, des choix comme ceux de John Crosbie au temps du gouvernement de Joe Clark, de Marc Lalonde, d'Allen Mac-Eachen ou de Jean Chrétien sous les gouvernements libéraux ont pu en surprendre plusieurs. Quoi qu'il en soit, on voit mal comment un élu ayant peu de notions d'économie et de finances publiques pourrait d'abord travailler efficacement avec ses principaux collaborateurs que sont les sous-ministres aux Finances, et parvenir ensuite à jouir du prestige nécessaire pour faire accepter par les milieux financiers et par les électeurs la politique budgétaire et fiscale de son gouvernement. Il n'empêche qu'il y a eu des ministres des Finances fort convenables

issus de milieux fort éloignés du monde des affaires. Le choix du titulaire du portefeuille des Finances est donc important et stratégique,
car les orientations et les décisions de celui-ci auront plus d'incidence
sur le taux de satisfaction à l'égard du gouvernement que celles de la
plupart des autres membres du conseil des ministres. Cela veut dire
aussi qu'une part importante de la crédibilité de la politique fiscale est
liée à la personne même du ministre des Finances.

La fonction de ce ministre consiste principalement à concevoir et
à mettre en place les politiques économiques et budgétaires nécessaires
au soutien de l'État et du rôle que les citoyens veulent lui voir jouer. Il
doit donc, par son action, contribuer à créer un environnement économique sain et dynamique, d'une part, et d'autre part, équilibrer les
finances publiques. La politique fiscale est à cet égard un outil important mais délicat à manier, comme on a pu le deviner dans le premier
chapitre. Un mauvais usage peut affecter le développement de l'économie et déséquilibrer les finances publiques. Comment éviter cet
écueil? Tout d'abord en préparant des propositions de politique fiscale
compatibles avec la réalité économique et sociale et, ensuite, en entre-
prenant un processus de consultation le plus large possible. Le but de
cet exercice est évidemment de choisir la politique fiscale la plus satisfaisante ou, exprimé de manière plus réaliste, la moins frustrante pour
l'ensemble des contribuables. Par « satisfaisante », il faut entendre une
politique qui soit la plus équitable, la plus efficace et la plus productive
possible compte tenu d'une conjoncture en constante évolution. Il va
sans dire que l'atteinte de ces objectifs est extrêmement difficile et
exige de manœuvrer sans trop de faux mouvements.

Parallèlement au processus de consultation, le ministre des
Finances travaille en relation étroite avec quelques-uns de ses collègues, notamment le ministre de la Justice, celui du Revenu, celui des
Affaires extérieures ainsi que celui de l'Industrie et du Commerce
international[10]. Le rôle de ces ministres en matière de politique fiscale
est très peu connu mais indispensable à son application.

Le ministre de la Justice est responsable de la rédaction des lois,
y compris les lois fiscales. Il lui incombe de faire correspondre la
législation fiscale aux finalités de la politique; c'est là une exigence fondamentale au fonctionnement et à l'efficacité de la taxation. Le programme de crédits d'impôt à la recherche scientifique implanté par
Marc Lalonde lors d'un gouvernement libéral montre bien ce que

---

10. L'appelation des portefeuilles ministériels est fréquemment modifiée.

l'incohérence entre la loi et la politique peut coûter en pertes de ressources[11]. L'objectif dudit programme était de promouvoir la recherche et le développement par l'octroi de crédits d'impôts aux entreprises. Ce secteur économique souffrait alors, et souffre toujours, d'un sous-financement chronique. Malheureusement, comme les vérifications ultérieures l'ont démontré, la stratégie du gouvernement a lamentablement échoué. Les nombreuses lacunes de la loi ont fait la fortune des avocats et des comptables fiscalistes pendant que les sommes injectées dans la recherche et le développement demeuraient insignifiantes. Cette catastrophe a coûté au Trésor public la somme de 2,156 milliards de dollars (Perry, 1990).

Les lois fiscales doivent, de plus, être conformes à la constitution du pays. Les contestations juridiques, aussi bien que les carences de la loi, peuvent constituer des entraves sérieuses à la politique fiscale. Ce fut le cas au Québec en 1993. Un jugement de la cour supérieure sur la constitutionnalité de la surtaxe d'affaires a jeté dans l'embarras les administrations municipales et le gouvernement du Québec et ébranlé la stratégie de délestage de ce dernier qui désirait transférer une partie de ces programmes de dépenses aux municipalités.

La coopération avec le ministre du Revenu est tout aussi indispensable que celle avec le ministre de la Justice. Le titulaire du portefeuille des Finances doit s'enquérir auprès de son collègue du réalisme technique et administratif de la législation fiscale qu'il envisage. Il serait illusoire pour le grand argentier d'espérer que le ministre du Revenu réussisse à percevoir une taxe d'application très complexe si ce dernier n'a pas les ressources ni même l'expertise pour le faire. C'est dans cet esprit que pour la mise en aplication de la TPS le gouvernement fédéral a dû consentir au ministère du Revenu des ressources additionnelles de l'ordre de 110 millions de dollars; à défaut de quoi la complexité de cette taxe aurait rendu encore plus ardue la réforme de l'ancienne taxe de vente fédérale.

Le rôle du secrétaire d'État aux Affaires extérieures (fédéral) en matière de fiscalité s'apparente à celui du ministre de la Justice; il voit lui aussi au contrôle de la légalité. Il doit faire en sorte que la politique fiscale canadienne respecte les traités et les accords signés avec les partenaires étrangers. Le ministre de l'Industrie et du Commerce international, chargé en quelque sorte de la compétitivité économique

---

11. La journaliste Linda McQuaig a bien décrit le désastre de cette politique dans son livre *La part du lion*, Montréal, Éditions du Roseau, 1987.

du pays, doit, pour sa part, examiner avec le ministre des Finances les réactions qu'engendrera l'éventuelle politique fiscale chez les investisseurs étrangers ainsi que ses répercussions sur les prix des produits canadiens. À titre d'exemple, une politique restrictive risque de rompre l'équilibre trop souvent précaire de la balance commerciale du Canada.

Ce ne sont là que les collaborateurs les plus connus et les plus réguliers et qui ont une responsabilité particulière en matière de politique de taxation. Cette liste pourrait inclure la presque totalité des membres du Cabinet de même qu'il nous faudrait ajouter le gouverneur de la Banque du Canada. Ce dernier, réputé indépendant du Cabinet, gère effectivement la politique monétaire du pays. Ses décisions, notamment celles visant à ajuster le taux directeur, se répercutent sur la valeur et la masse monétaire du dollar canadien. La politique fiscale et la politique monétaire étant économiquement très liées, les décisions touchant à l'une affectent automatiquement l'autre.

Les acteurs auxquels est attribué un rôle officiel sont la cible de nombreuses pressions et reçoivent constamment des conseils pas toujours désintéressés de la part de ceux qui n'ont pas de statut officiel mais qui interviennent, parfois avec vigueur.

Les intervenants

Les intervenants n'ont pas de fonction officielle au sein d'un gouvernement ou d'une administration ; ils n'ont donc pas de responsabilité constitutionnelle en matière de politique fiscale et ne sont pas imputables publiquement de leurs gestes. Ils sont toutefois indispensables aux autorités gouvernementales en raison de leur influence sur l'ensemble de la société. Ce sont eux qui, bien souvent, en raison de la confiance et de la crédibilité dont ils jouissent, sont les mieux placés pour faire avaliser une politique par les citoyens. On classe parmi ces acteurs tous ceux qui, directement ou indirectement, sont touchés par la politique fiscale et qui, selon leurs attitudes et leurs comportements, feront, comme nous venons de le dire, des choix gouvernementaux autant de réussites ou d'échecs.

Ces acteurs ne forment pas un tout homogène. Leurs préoccupations, tout comme leurs intérêts, sont plus souvent qu'autrement contradictoires et conflictuels. Que l'on songe, par exemple, aux centrales syndicales qui voient dans l'impôt sur les bénéfices des entreprises un moyen de rééquilibrer, au profit des travailleurs, la distribution du fardeau fiscal et l'occasion de se poser du même coup en champion de la justice sociale. Les lobbies patronaux, par contre, considèrent ce même impôt comme un frein à l'investissement et une perte de revenus pour leurs commettants. Les divers intervenants se répartissent en deux groupes : un premier formé par des acteurs ayant la citoyenneté nationale et un second constitué d'intervenants étrangers.

Les acteurs nationaux

Ils sont nombreux, différents les uns des autres et possèdent des moyens d'action d'inégale capacité. Les grandes organisations ont le pouvoir de modifier et de déterminer les enjeux de la vie économique et sociale. Ce sont, par exemple, les organisations de travailleurs, les associations professionnelles, le patronat, les regroupements de consommateurs ou encore les influents organismes privés et publics de recherche et de consultation, sans oublier les médias. Au Canada et au Québec, il s'agira, entre autres, de la Fédération des travailleurs du Québec, de l'Alliance de la fonction publique du Canada, du Conseil du patronat, de l'Association des manufacturiers canadiens, de l'Association canadienne d'études fiscales, du Conference Board, des chambres de commerce, de l'Institut Fraser, etc. Leur capacité d'intervention vient de leur habileté à mobiliser rapidement qui des individus en grand nombre, qui des sommes d'argent importantes, et aussi à sensibiliser les médias. De plus, ces organisations représentent des bassins importants de recrutement pour les partis politiques. Plusieurs membres influents de gouvernements sont issus de ces milieux.

L'importance stratégique de ces acteurs est due à la double fonction qu'ils exercent. D'un côté, ils structurent, articulent et véhiculent une vision particulière de la vie économique, politique, sociale et culturelle de la société. Cette vision, ils la transmettent aux décideurs dans le but avoué de forcer l'application de politiques qui vont refléter leurs intérêts et leurs préoccupations. Pour illustrer cela, revenons brièvement à la question de la distribution du fardeau fiscal entre les contribuables. Les porte-parole du monde des affaires réclament depuis toujours l'allégement de l'impôt applicable au profit des entreprises affirmant, non sans raison, que l'entreprise, donc le secteur privé, est le moteur de l'économie. Pour leur part, les organisations de travailleurs défendent avec acharnement le maintien de l'impôt progressif sur le revenu des particuliers, voyant dans cette taxation un mécanisme qui assure de façon satisfaisante la redistribution de la richesse. L'idée qu'ils se font de la politique fiscale ne peut donc pas être la même. Les premiers souhaitent une structure fiscale où prévalent les taxes à la consommation tandis que les seconds préfèrent des impôts directs sur le revenu. Ce clivage existe aussi entre les partis politiques et entre les gouvernements (Matouk, 1987 ; Ardant, 1965).

Par ailleurs, ces mêmes acteurs interprètent, analysent et décortiquent la politique fiscale des gouvernements pour ensuite mieux l'appuyer ou s'y opposer. On voit régulièrement après la lecture du discours du budget, les représentants du monde patronal et les chefs syndicaux interpréter différemment les mesures fiscales. Ce rôle d'intermédiaires les amène à être de véritables partenaires de l'État. Ils sont alors d'ardents promoteurs de la nouvelle politique fiscale ou, s'ils s'y opposent, ils tentent, par divers moyens, de la rendre insupportable à leurs clientèles. C'est là un rôle qui n'est pas négligeable puisque les grandes organisations ont aussi le devoir de maintenir une certaine paix sociale. Contrairement à ce que certaines organisations de travailleurs croyaient dans les années 1970, pour rendre le système meilleur et plus juste, il n'est pas souhaitable et nécessaire de le casser. Bien souvent, participer correctement et activement à la vie politique constitue un moyen plus efficace de changer le monde.

L'électeur

L'acteur national, c'est aussi le citoyen en tant qu'électeur et contribuable. Cet acteur est le point de référence de tous les autres, que ce soient les gouvernements, les syndicats, le patronat, etc. On parle en son nom, on invoque ses besoins et ses difficultés, on scrute ses attitudes, on le sonde abondamment. Bref, on l'examine à la loupe et sous tous les angles.

Mais pourquoi lui porter une telle attention ? Pour deux raisons. Tout d'abord, parce que l'électeur-contribuable a, par son comportement, une influence décisive sur le rendement de la politique fiscale et, par ricochet, sur la santé des finances publiques. En effet, la connaissance de ce qui lui est acceptable et tolérable ou, inversement, ce qui lui est odieux, constitue une information clé. Si un gouvernement ne considère pas ou évalue mal cette donnée, il aura entre les mains une politique fiscale dont les effets pourront être opposés à ceux qu'il aurait souhaités. C'est essentiellement ce qui s'est passé dans le cas de la taxation des produits du tabac. Plutôt que d'accroître les recettes de l'État, la surenchère de taxes a encouragé le développement d'un marché de contrebande, privant les coffres du Trésor public de plusieurs milliards de dollars.

Le contribuable est la cible de l'attention des autres intervenants pour une autre raison, plus tactique celle-là. Lorsque les groupes de pressions interviennent dans le processus de décision sur les politiques publiques, ils s'exposent constamment à se faire accuser de «corporatisme»; ce qui n'est pas dénué de tout fondement. Une telle accusation mine leur crédibilité tant auprès de leurs interlocuteurs (gouvernement ou administration) qu'auprès des citoyens en général. Prenons, par exemple, une association de médecins qui s'opposerait à l'application de frais modérateurs pour les soins de santé. On y verrait sûrement là, pour le corps médical, la crainte de perdre une partie de leurs revenus puisqu'ils sont, du moins au Québec, rémunérés à l'acte. Une stratégie plus efficace consisterait donc, pour ce groupe, à faire valoir le danger que représente pour la santé des bénéficiaires l'imposition d'une telle mesure de freinage. Il en serait ainsi pour tout autre groupe dont les intérêts premiers seraient trop évidents.

Les intervenants étrangers

Tout comme les intervenants qui agissent en tant que citoyens canadiens, les acteurs étrangers se répartissent en deux groupes distincts: les acteurs officiels et les acteurs officieux. Les premiers sont ceux qui ont des fonctions gouvernementales et sont chargés de la politique fiscale dans les pays «partenaires» du Canada. Par exemple, le secrétaire au Trésor du gouvernement américain, qui en principe ne participe pas à l'élaboration de la politique fiscale canadienne, va prendre, dans le cadre de ses propres fonctions, des décisions qui vont avoir des répercussions directes et immédiates sur l'économie du Canada. Supposons qu'il instaure une réduction du taux d'imposition des entreprises, il attirera en territoire américain des entreprises qui autrement auraient peut-être choisi de s'installer au Canada ou encore qui y seraient restées. Les ministres des Finances, tant fédéral que provinciaux, ne peuvent donc pas ignorer les décisions de ces acteurs. De telles erreurs sont habituellement fort coûteuses pour l'économie et pour la collectivité.

Le Canada, comme tout pays souverain, participe à des accords officiels. Ces ententes de coopération ou d'échanges commerciaux dictent l'établissement de tarifs douaniers qui ont pour effet de réduire la marge de manœuvre des pays participants. C'est le cas, notamment, des accords de l'Organisation mondiale du commerce (OMC), qui fixent des seuils en matière de droits de douane et déterminent les produits et les services qui en sont frappés ou exclus. C'est aussi le cas du Pacte de l'automobile et, plus récemment, celui du traité de libre-échange avec les États-Unis et le Mexique.

En plus de leurs partenaires étrangers, les pays souverains sont appelés à tenir compte d'organismes non gouvernementaux dont le rôle stratégique et le droit légitime d'intervention sont reconnus et acceptés. Parmi ces organisations, les plus connues sont la Banque mondiale, l'Organisation de coopération et de développement économiques, et le Fonds monétaire international. En dépit du fait que ces institutions ne détiennent aucun droit de regard légal sur les politiques fiscales nationales, leurs avis, leurs commentaires et leurs recommandations déterminent effectivement en partie, voire en totalité, le contenu des mesures fiscales nationales. Elles agissent comme des préfets de discipline et n'hésitent pas à distribuer les blâmes le cas échéant. Le FMI a, par deux reprises déjà, sermonné le Canada pour la piètre tenue de ses finances publiques. Ses remontrances ont été entendues, le Canada ayant entrepris un redressement spectaculaire de ses finances.

La liste des intervenants extérieurs ne serait pas complète sans mentionner cet autre acteur de premier plan que sont les entreprises multinationales. Elles exercent une grande influence sur les gouvernements et, très souvent, elles sont en mesure de négocier avec les États des conditions fiscales on ne peut plus avantageuses pour elles-mêmes ou pour leurs filiales. Cette position de force sur l'échiquier économique leur vient de leur grande mobilité. Elles se déplacent beaucoup plus facilement que des entreprises uniquement nationales et elles s'installent là où on leur promet les meilleures conditions et les bénéfices les plus élevés. Il arrive donc fréquemment qu'en contrepartie d'un engagement à construire une usine et à créer un certain nombre d'emplois, ces multinationales obtiennent, de la part des gouvernements, des congés fiscaux sinon des rabais d'impôts, de taxes ou encore de tarifs. C'est le cas au Québec pour les alumineries dont les contrats secrets passés avec le gouvernement québécois ont soulevé des débats publics.

Il y a aussi d'autres organisations d'envergure internationale qui, sans créer d'emploi et sans produire de bien ou de service, jouissent d'un véritable pouvoir d'orientation ; ce sont, comme nous l'avons déjà souligné, les maisons d'évaluation du crédit. Lorsque Standard & Poor, Moody's ou CBRS haussent ou baissent la cote de crédit d'un gouvernement, cela a une incidence directe sur le coût des emprunts effectués par le ministre des Finances. Les évaluations de ces entreprises incitent donc celui-ci à inclure dans son budget des mesures fiscales bien précises, auxquelles il pourrait être, de prime abord, réticent, et qui visent à discipliner l'action de l'État.

Tous les acteurs, responsables et intervenants, s'affrontent à visière levée ou de façon plus dissimulée sur l'enjeu majeur de la politique fiscale : la distribution du fardeau des impôts. Chacun tente, dans les mesures de son pouvoir, de faire prévaloir sa vision des choses. Il ne faudrait pas penser, cependant, que les gouvernements sont en attente de l'issue de l'affrontement et qu'ils jouissent de peu d'autonomie. La réalité est plus nuancée que cela. Les gouvernements détiennent un pouvoir d'intervention et de coercition qui en font les maîtres du jeu. Toutefois, comme le souligne Irwin J. Gillespie (1991), leur principal souci étant de conserver un maximum de soutien électoral, ils cherchent à équilibrer les forces. En somme, l'élaboration et le fonctionnement de la politique fiscale sont le produit de l'interaction de tous les acteurs. Toutefois, seuls les gouvernements ou les administrations, et plus particulièrement les ministres des Finances, portent sur leurs épaules la responsabilité définitive de la politique fiscale, bonne ou mauvaise, efficace ou non : ils sont les seuls à ne pouvoir s'en laver complètement les mains.

CHAPITRE 3

LES OBJECTIFS GÉNÉRAUX ET LES CHOIX DE LA POLITIQUE FISCALE

Les responsables gouvernementales de même que tous les autres intervenants doivent, pour étayer leurs propositions de politique fiscale, trouver des réponses à trois grandes questions : Qui doit payer les impôts et les taxes ? Quels sont les objets et les activités qui doivent constituer la matière imposable ? Comment et avec quels outils doit-on prélever les ressources de l'État ? Les réponses possibles à chacune de ces interrogations ne peuvent être obtenues sans avoir tenu compte d'un certain nombre de problèmes fondamentaux et d'objectifs à atteindre.

Les autorités vont réaliser leurs décisions de politique fiscale par la modification de ce que Mehl et Beltrame appellent les éléments constitutifs de l'impôt. Ces éléments sont : la base, la matière imposable, le fait générateur ainsi que la personne imposable. En jouant sur ces objets, les responsables des finances augmentent ou diminuent le fardeau fiscal de l'ensemble des contribuables, incluent ou excluent totalement ou partiellement des groupes déterminés de personnes et d'entreprises, etc. En somme, une fois arrêtées les grandes orientations et les objectifs, les responsables de la politique doivent choisir sur quels éléments de l'impôt ils feront porter les mesures fiscales devant être soumises au vote des parlementaires.

Un souci de justice

Nous consommons tous, très souvent sans en prendre conscience, des biens et des services publics. En effet, nul ne saurait prétendre démontrer le contraire. Pour un Canadien ou un Québécois, être sous le couvert d'une charte des droits et libertés, recourir aux services de la police ou des pompiers, fréquenter l'école, consulter un médecin ou se déplacer sur les routes, constituent autant d'actes de consommation de services fournis par l'État. Certains de ces services sont visibles et mesurables, d'autres ne le sont pas. Tous cependant constituent un bénéfice réel pour celui qui l'utilise. La consommation individuelle des biens et services publics a, aussi, des effets sur la collectivité. Prenons, par exemple, une charte des droits et libertés. Une telle loi fondamentale permet à un citoyen de recevoir un service en cas de besoin. D'un autre côté, l'existence d'une telle charte contribue, sans aucun doute, à assainir les relations entre les citoyens et, par le fait même, participe à la paix sociale, ce qui est un avantage collectif et indivisible. Il est donc juste et équitable que tous soient appelés à financer le Trésor public.

Un prix équivalent à l'usage

Par ailleurs, l'utilisation des biens et services publics varie grandement d'un citoyen à l'autre. Certains individus ou certaines entreprises en utilisent beaucoup plus que d'autres. C'est le cas, notamment, des camionneurs qui empruntent les grandes voies de circulation. On peut, comme les gouvernements le font, leur imputer, dans la détérioration du réseau routier, une plus grande responsabilité qu'à l'automobiliste occasionnel. Il en va de même des étudiants dont la durée de fréquentation scolaire est plus longue que la moyenne, des malades chroniques hospitalisés en permanence, et ainsi de suite. Les usagers compulsifs devraient donc payer un prix global plus élevé. Prix juste et équivalent à leur niveau de consommation. D'où la pratique de la tarification de plusieurs services publics, cela permet de distinguer entre le coût d'acquisition d'un équipement ou d'une infrastructure [coût devant être partagé par l'ensemble des citoyens parce que cela s'ajoute au patrimoine collectif] et le coût de l'exploitation qui profite à long terme à l'ensemble de la société mais dont l'avantage immédiat est restreint à certaines personnes. Cette distinction nécessaire montre bien que la justice est un concept difficile et qu'il prête à une grande variété de définitions.

L'ambiguïté du concept de justice vient aussi du fait qu'il existe, du moins dans la tête des gens, une hiérarchie des services dispensés par les gouvernements, de sorte que la circulation sur les routes et l'occupation d'un lit dans un centre hospitalier ne sont pas perçues comme des «dépenses» équivalentes. On a tendance à minimiser le prix du premier en raison surtout de la difficulté d'établir le rapport coût/utilisation alors qu'on est enclin à surévaluer le prix du second en raison même de la relative facilité avec laquelle on peut calculer les coûts directs de chaque lit.

Une question de solidarité

Ce même caractère ambigu du concept de justice, du moins dans son application, place les responsables de l'élaboration de la politique fiscale devant des choix délicats. Les principes élémentaires de justice, rappelons-le, voudraient que ceux qui consomment davantage paient davantage. Une telle façon d'agir relèverait de l'arbitraire. La politique fiscale, si elle aspire à la justice, doit tenir compte également de la solidarité entre les membres de la collectivité. Justice et solidarité ne sont pas des concepts incompatibles. Loin de là. Les programmes sociaux et en particulier les programmes de soutien du revenu sont d'ailleurs fondés sur ces principes complémentaires de justice et de solidarité. En effet, le licenciement, la maladie, le handicap, l'accident, ou tout autre sinistre ne sont pas des peines librement consenties. Ceux qui sont ainsi affligés temporairement ou définitivement ont un droit légitime à être compensés, ce à quoi peut servir la distribution du fardeau fiscal. Cela signifie qu'une politique fiscale permettra à tous d'accéder aux mêmes biens et services publics sans que tous aient nécessairement à assumer des coûts identiques, et certains pourront même en être totalement exemptés.

L'équité

Aux dires de Luc Weber (1988), l'équité est généralement considérée comme le plus important de tous les critères qui président aux choix de politique fiscale. Elle permettrait presque à elle seule de distinguer entre un bon et un mauvais système de taxation. Il y aurait, ajoute Weber, deux manières de la définir. D'un côté, l'équité s'exprimerait par un principe d'équivalence où chaque contribuable devrait, selon les mots de Weber, payer un montant correspondant aux avantages qu'il retirerait des prestations de l'État. On a vu précédemment que la question de la justice d'imposition est incompatible avec cette première définition. Il faudrait alors opter pour une seconde approche, celle de la capacité contributive. Weber écrit : « Il [le principe] préconise en effet que la charge fiscale doit être distribuée entre les agents économiques conformément à leur aptitude à contribuer au financement des prestations de l'État, soit selon leur capacité économique. Ce principe renonce donc, au niveau des citoyens contribuables, à tout lien entre impôts et prestations publiques. » En somme, comme cet auteur le souligne un peu plus loin dans son ouvrage, une politique fiscale qui affirmerait véritablement le respect du principe de l'équité fiscale est une politique qui a beaucoup de chances à amener les contribuables à accepter le système fiscal du gouvernement.

Équité fiscale et le budget de 1997

Les gouvernements canadiens offrent de nombreux services aux citoyens, et les impôts et taxes sont la principale source de recettes permettant de les financer. Il est essentiel que les gouvernements, pour percevoir des recettes, recourent à un régime fiscal équitable; pour ce faire, ils doivent appliquer les grands principes suivants:

- les impôts doivent correspondre à la capacité contributive – les personnes dont le revenu et la situation s'équivalent doivent payer des impôts équivalents. Par contre, les personnes dont le revenu est plus élevé devraient payer davantage d'impôts. Lorsque la chose est possible, l'impôt payable par les particuliers à revenu élevé devrait augmenter progressivement. Les sociétés doivent également payer l'impôt canadien sur leurs bénéfices avant répartition aux actionnaires canadiens ou étrangers;

- les personnes dans le besoin doivent recevoir l'aide nécessaire – le régime fiscal doit prendre en compte les situations particulières qui ont pour effet de limiter la capacité contributive; au lieu de percevoir des impôts auprès des personnes les plus démunies, le régime fiscal devrait leur venir en aide;

- les impôts dus sont payés – autrement dit, les règles du régime fiscal sont respectées. Le gouvernement doit s'assurer que les Canadiens sont au fait de leurs obligations fiscales et que Revenu Canada perçoit les impôts payables de façon efficace et équitable à la fois pour le gouvernement et pour les contribuables.

Extrait de: *Budget 1997, Équité fiscale*, Ministère des Finances, Canada, 18 février 1997.

En se basant sur la capacité contributive, on peut définir le concept d'équité de deux façons: horizontalement et verticalement. Par équité horizontale, on entend l'imposition au même tarif[12], les contribuables jouissant d'un volume comparable de richesses, et par équité verticale, on entend une contribution proportionnelle à la richesse évaluée des individus et des entreprises. Il s'agit là, on le voit, d'une des

---

12. Le tarif fiscal comprend le taux initial ajusté aux crédits, aux exemptions ou aux ajouts.

prémisses de l'impôt progressif sur le revenu. Cet impôt qui se justifierait par la nécessité d'égaliser le sacrifice économique de l'impôt et le besoin de solidarité sociale (Salin, 1985). Horizontale ou verticale, la mise en application du critère d'équité ainsi fondé sur la richesse pose toutefois problème.

Déjà, dans l'exemple de la comparaison entre le médecin et le commis, on voyait que le revenu ne peut à lui seul déterminer la capacité contributive réelle. Pour obtenir cette capacité, on doit pondérer le fardeau fiscal en tenant compte des besoins essentiels, de la participation à l'économie ainsi que de toutes les autres contraintes auxquelles une personne peut être soumise. L'équité fiscale doit donc être définie horizontalement et verticalement suivant la véritable capacité de payer plutôt que d'être évaluée à partir des signes extérieurs de la richesse. D'où l'absurdité de la tendance actuelle de vouloir situer la richesse (au sens de l'abondance des ressources) à la hauteur d'un revenu annuel de 60 000 $. Pour plusieurs citoyens qui soutiennent le développement économique, en étant des consommateurs et des épargnants très actifs, ce revenu est à la limite inférieure du suffisant. Pensons à ce que serait l'économie canadienne si les gens appartenant à cette catégorie de revenus n'achetaient ni maisons, ni véhicules automobiles, ni services de loisir ou d'éducation. En somme, l'équité fiscale n'est pas un concept réductible au seul revenu gagné. On oublie trop souvent qu'on ne peut conjuguer ce concept uniquement avec les verbes avoir et être, il faut aussi le verbe faire. Autrement dit, les critères de l'équité ne doivent pas seulement être fondés sur la richesse possédée mais aussi sur l'utilisation réelle de cet avoir. Le fait de ne pas saisir toute l'importance du verbe faire dans l'établissement de la politique fiscale engendre souvent un vif étonnement devant le peu d'impôt payé par des individus ou des entreprises apparemment riches et prospères. Distinguer la simple possession des richesses de la mise à contribution sociale et économique des ressources afin de récompenser ces efforts par un prélèvement fiscal équitable constitue un des défis majeurs des responsables de la politique fiscale. Ils n'y parviennent jamais totalement en raison de l'impossibilité d'établir de manière précise la situation des contribuables. Les techniques fiscales en vigueur autorise uniquement une évaluation (la plus fidèle possible, il faut le souhaiter) de la situation socio-économique des contribuables.

**Pourquoi certains particuliers à revenu élevé
ne paient-ils aucun impôt?**

Les particuliers à revenu élevé paient une proportion importante des impôts fédéraux. Par exemple, en 1994, les particuliers dont le revenu dépassait 100 000 dollars, soit environ 2 p. 100 des déclarants, ont reçu 15 p. 100 du revenu total des particuliers, mais ont payé 21 p. 100 de l'impôt fédéral.

Quelques particuliers à revenu élevé peuvent ne pas avoir à payer d'impôt pour une année donnée en se prévalant de déductions et de crédits auxquels ils ont droit. Ainsi, en 1994 toujours, des 54 000 déclarants dont le revenu était supérieur à 250 000 dollars, 290 n'ont pas payé d'impôt. L'application des déductions et des crédits auxquels ont droit tous les contribuables peut donner lieu à l'élimination de toute obligation fiscale pour certains particuliers. Un déclarant, qui tire un revenu important d'une source donnée, qui essuie une perte d'une entreprise non constituée en société, qui fait un don de bienfaisance important et qui épargne en vue de la retraite, pourrait en bout de ligne ne pas avoir à payer d'impôt pour une année donnée.

Il faut par contre observer ceci : il peut arriver qu'un particulier n'ait pas à payer d'impôt pour une année, mais il est rare que tel ait été le cas l'année précédente ou que cela se répète l'année suivante, car une telle situation tient habituellement à une combinaison de circonstances exceptionnelles.

Pour éviter qu'il y ait utilisation abusive par les contribuables des déductions et des crédits dans le but d'éliminer leurs obligations fiscales, le régime de l'impôt minimum de remplacement (IMR) n'autorise pas certains crédits et déductions dans le calcul de l'impôt payable. Plus de 27 000 contribuables ont été assujettis à l'IMR en 1994.

Canada, *Discours du Budget 1998*, Ministère des Finances.

La technique fiscale est un obstacle additionnel sur la route de l'équité. Par exemple, l'impôt sur le revenu ne peut à lui seul être garant d'équité à cause, notamment, de l'élasticité du concept de revenu et de la pratique de l'évitement fiscal que cet impôt engendre. Pour s'assurer de rejoindre tous les citoyens, l'administration fiscale doit recourir à une batterie de prélèvements couvrant toute l'étendue des activités économiques des individus, des entreprises et des collectivités. Ainsi, un contribuable qui parvient à échapper à l'impôt sur le revenu verra ce même revenu taxé au moment où son capital s'enrichira ou lorsque ce revenu lui servira à consommer. Cet exercice de recherche de l'équité comporte donc un certain degré de complexité, ce qui est souvent incompatible avec une autre des attentes des citoyens à l'égard du système de taxation : la simplicité.

Un objectif difficile à atteindre

Le risque de s'éloigner de l'objectif d'équité tout en cherchant à l'atteindre par une politique fiscale toujours plus complexe a été mis en lumière au moment de la plus récente tentative de réforme fiscale au Canada. En effet, lors du dépôt de son projet en décembre 1987, le ministre fédéral des Finances, Michael Wilson, a attribué la cause des problèmes budgétaires de l'heure au fait que les Canadiens ne respectaient pas le régime fiscal. Le ministre reconnaissait que le régime, avec ses diverses concessions fiscales, avaient mis à dure épreuve l'équité[13], l'efficience et la stabilité du produit de l'impôt direct en permettant à bon nombre de sociétés rentables et à de nombreux citoyens ayant des revenus élevés d'éviter de payer toute leur part de l'impôt (Wilson, 1987). Le ministre illustrait son propos en affirmant que pour la seule année budgétaire 1984, le manque à gagner relatif aux concessions de toutes sortes a été de 10 milliards de dollars.

Des propos similaires ont plus récemment été tenus par le sous-ministre québécois du Revenu qui soulignait lors de sa comparution devant la Commission parlementaire du budget et de l'administration que ses concitoyens avaient déduit, en 1992, 2,8 milliards de dollars de leur fardeau fiscal en achetant des REER (régime enregistré d'épargne retraite). On peut se poser la question à savoir si ces dépenses fiscales et bien d'autres sont justes et équitables étant donné que l'État doit les financer soit en empruntant, soit en transférant le fardeau à d'autres contribuables. La réponse à cette question réside assurément dans l'utilisation que les contribuables font de ces allégements de leur impôt.

Par contre, ceux qui bénéficient le plus des réductions fiscales pourraient aussi être les plus taxés, comme le fait ressortir le tableau 3. Selon ces données, plus de la moitié des contribuables dont le revenu

---

13. Nous avons pu vérifier la justesse des propos du ministre dans une recherche que nous avons publiée dans Pierre P. Tremblay et Guy Lachapelle (1996), *Le contribuable, héros ou malfaiteur ?*, Sainte-Foy, Presses de l'Université du Québec. Voir surtout le chapitre 5 à partir de la page 59.

moyen se situe entre 75 000 et 100 000 $ sont frappés d'un taux moyen d'imposition qui oscille entre 20 % et 25 %. Un groupe de 21 % de ces mêmes contribuables est imposé à un taux maximal de 15 %. Il y a donc là, en toute certitude, un allégement considérable puisque, toujours selon ce même tableau, leur taux d'imposition devrait être supérieur à 30 %. Toutefois, une lecture plus attentive révèle que cette classe de contribuables supporte plus de 60 % du fardeau total. La situation est donc paradoxale : une diminution des avantages fiscaux consentis se traduirait, d'une part, par un accroissement de leur fardeau fiscal. En revanche, le même geste accablerait davantage un groupe de consommateurs qui, répétons-le, sont essentiels à la santé économique et dont la participation à ce chapitre est majeure. Que faire devant un tel dilemme ? Qui désigner comme éventuel contribuable effectif[14] ? Voilà le premier choix de politique fiscale, c'est un choix social et économique.

En fait, le décideur utilise, comme nous l'avons dit à d'autres fins quelques pages auparavant, trois verbes dans son processus d'identification du contribuable : **avoir, être** et **faire**. Le verbe avoir lui permet d'exiger des possédants un effort proportionnel à leurs ressources, ce qui exclut, au départ, les citoyens complètement démunis. Donc ceux qui n'ont pas de ressources ne paient pas d'impôt. Le verbe être l'amène à tenir compte de caractéristiques particulières comme, par exemple, l'âge, le statut civil, les handicaps physiques et intellectuels. Ces critères sociodémographiques établissent une discrimination entre les personnes empêchées, par des contraintes physiques ou intellectuelles, d'assumer pleinement des responsabilités sociales et économiques et les autres aptes à le faire. En toute justice, donc, ceux qui ne peuvent pas créer de la richesse ne sont pas davantage accablés par un fardeau fiscal. Finalement, le verbe faire permet d'élaborer une politique d'impositions qui peut récompenser, par allégement fiscal, les contribuables actifs dont la production et la gestion des ressources bénéficie à la collectivité. Les réponses que fournit un questionnement à l'aide de ces trois verbes se traduisent, au plan de la technique fiscale, entre le choix de l'impôt réel et le choix de l'impôt personnel (Gaudemet et Molinier, 1993). L'impôt réel, c'est le fardeau fiscal tel qu'il est prescrit par les lois de l'impôt ; tandis que l'impôt personnel, c'est l'impôt réel réduit des exonérations et crédits de toutes sortes destinés à reconnaître, de manière concrète, l'avoir, l'être et le faire chez chaque contribuable. C'est au terme d'un processus de sélection

---

14. La science fiscale nous dit qu'il y a deux types fondamentaux de contribuables : le contribuable désigné par les lois de l'impôt et le contribuable de fait qui, en définitive, est celui qui supporte réellement le fardeau fiscal.

que l'identification du contribuable de fait, par opposition au contribuable légal, sera réalisée.

Les sociétés modernes sont d'une grande hétérogénéité aussi bien sur le plan culturel, social, économique que politique. Il y coexiste des riches et des pauvres, des individus en bonne santé et des malades, des capitalistes résolus et des socialistes convaincus; sans compter que, principalement dans les grandes capitales et les métropoles, des populations aux us et coutumes des plus diversifiés se côtoient. L'hétérogénéité croissante des sociétés oblige les autorités gouvernementales à modifier la politique fiscale de manière à prendre en compte, avec justice et équité, les besoins et les apports spécifiques de ces différents contribuables.

Tableau 4

**Répartition des contribuables en fonction du revenu
et du taux moyen d'impôt fédéral sur leurs revenus, 1984**

Répartition en pourcentage des particuliers en fonction du taux moyen d'imposition[2]											
Revenu total[1]	Nombre de contribuables	% des déclarants	Aucun impôt[3]	Taux moyen 0–5	Taux moyen 5–10	Taux moyen 10–15	Taux moyen 15–20	Taux moyen 20–25	Taux moyen 25–30	Taux moyen 30+	Total
(milliers $)	(milliers)			(%)							
0–10	5,813	37,4	73	18	9	–	–	–	–	–	100
10–20	4,178	26,9	5	16	53	26	–	–	–	–	100
20–30	2,752	17,7	1	3	25	69	2	–	–	–	100
30–40	1,584	10,2	1	2	7	66	24	–	–	–	100
40–50	661	4,3	1	2	5	40	51	1	–	–	100
50–75	396	2,5	2	2	5	15	64	12	–	–	100
75–100	83	0,5	2	3	5	11	26	52	1	–	100
100–150	48	0,3	4	4	5	10	16	40	22	–	100
150 et plus	33	0,2	4	5	5	9	16	19	34	8	100
Total	15,552	100,0	29	12	23	28	7	1	–	–	100

1. Revenu total = revenu de toutes provenances.
2. Taux moyen d'impôt à payer avant crédit d'impôts pour enfants.
3. Contribuables ayant moins de 10 $ ou 0,1 % du revenu à payer en impôt fédéral.

Source : Michael Wilson, *La réforme de l'impôt direct*, Ottawa, 1987, p. 10.

Les questions auxquelles il faut répondre

La mise en œuvre d'une politique fiscale n'est possible qu'après avoir déterminé précisément que les trois éléments suivants sont réunis : les personnes imposables (physiques ou morales), la matière imposable et le mode de prélèvement. À l'égard de chacun de ces éléments, les responsables de la politique fiscale disposent d'un certain nombre d'options entre lesquelles elles doivent choisir. Ces options sont autant de questions fondamentales auxquelles ils doivent trouver des réponses satisfaisantes compte tenu des objectifs de justice, d'équité et, compte tenu aussi, des contraintes réelles que sont le stade de développement économique, les valeurs sociales ainsi que les traditions historiques des sociétés modernes et démocratiques.

Qui contribuera?

En 1991 au Canada, il y avait 13 710 450 particuliers qui ont effectivement payé des impôts sur un bassin possible de 19 050 830 personnes. Cela signifie qu'en proportion 28 % des personnes ayant un revenu n'ont pas payé d'impôts. Au Québec, le rapport entre contribuables légaux et contribuables de fait est sensiblement le même ; 29,8 % des contribuables n'ont pas payé d'impôt au titre de l'impôt sur le revenu. Cette situation constituait un des résultats évidents des choix antérieurs de politique fiscale. Qui contribuera de ses deniers au Trésor public, qui en sera exempté et pour quels motifs? Ce fut là les premières et les plus délicates des questions que s'étaient posées les décideurs. La réponse n'était, de prime abord, ni évidente, ni simple. Ces questions sont récurrentes. Les responsables de la préparation de la politique budgétaire d'un gouvernement devant leur trouver une réponse à chaque année.

Contribuable légal ou contribuable de fait

Rappelons tout d'abord qu'il existe, comme l'enseigne la théorie fiscale, essentiellement deux catégories de contribuables : le contribuable légal, celui que la législation fiscale désigne expressément, et le contribuable de fait, celui qui supporte effectivement le fardeau de l'impôt. Le premier est soit une personne physique, soit une institution ou une entreprise que l'on désigne la plupart du temps sous le vocable de «personne morale». Ce dernier, cependant, comme le dit Pascal Salin dans son essai intitulé *L'arbitraire fiscal* (1989), ne paie pas d'impôt ; les personnes morales ne sont que des contribuables légaux ; rarement ou jamais des contribuables de fait. Ce sont les actionnaires ou encore les clients et les fournisseurs de la compagnie qui, par le jeu de la réduction des dividendes et de la hausse des prix se partagent le fardeau fiscal de l'entreprise. D'ailleurs, par les temps qui courent, les économistes insistent beaucoup moins sur le niveau de taxation des entreprises contrairement aux milieux syndicaux et à une partie de la classe politique qui le font pour des raisons tenant plus de l'idéologie que de l'économique. Bref, le contribuable de fait est, une fois tous les jeux faits, un individu en chair et en os.

Il serait incorrect, par ailleurs, de taire le fait que les personnes physiques ont, elles aussi, la capacité de transférer vers une autre personne une partie ou la totalité de leur fardeau fiscal. Ce phénomène de translation[15] est toutefois plus difficile à saisir et à mesurer que le premier parce qu'il se manifeste bien souvent hors du cadre de l'économie officielle. C'est le cas, par exemple, de l'ouvrier ou du professionnel dont les services sont rétribués sans aucune déclaration, le paiement s'effectuant de mains à mains sans laisser de trace. Il existe plusieurs manières de réaliser un transfert de fardeau. Ce n'est pas le lieu ni l'occasion d'en donner les détails. Nous préférons insister sur le fait qu'à la fin du processus de taxation, il ne reste plus qu'une seule catégorie de contribuables: le contribuable de fait. Toutefois, les responsables de la politique fiscale ne peuvent pas structurer la fiscalité à partir du contribuable de fait; ils le font en désignant un contribuable légal.

Quel objet doit-on imposer?

Voilà une question pour laquelle la difficulté de trouver une réponse adéquate demeure bien réelle. La taxation porte sur ce qu'on appelle en langage technique «la matière imposable». Elle-même constituée d'objet ayant une valeur économique pour laquelle est choisie une base d'imposition, soit, essentiellement, le nombre, la mesure ou la valeur de l'objet[16]. La matière imposable n'est pas exclusivement une chose tangible, comme le soulignent fort à propos Mehl et Beltrame (1984). Cette matière peut tout aussi bien être un objet non matériel ou une notion économique comme le revenu, par exemple. Comme le rappellent

---

15. C'est le terme utilisé en science fiscale.

16. Pour illustrer la distinction entre les différentes bases de l'impôt, il suffit de prendre le cas d'une maison dont le coût fiscal peut être déterminé à partir du nombre de pièces, de la surface totale ou encore de la valeur marchande.

Gaudemet et Molinier (1993), les objets de taxation ont beaucoup évolué à travers les époques. Ainsi, par le passé, on a parfois songé à taxer des objets fort inusités. Par exemple, jusqu'en 1926 la France maintenait, comme dans l'Angleterre du XVIIIᵉ siècle, un impôt sur les portes et les fenêtres. Cette mesure a d'ailleurs beaucoup contribué à définir l'architecture des maisons dans ces pays. Autrefois, il y avait des taxes sur les chevaux, les chiens, les pianos, le nombre de personnes mâles valides vivant au foyer du chef de famille. En Russie, on a même jonglé avec l'idée de pénaliser les porteurs de barbe et de moustache, soucieux qu'on était de forcer l'occidentalisation de la culture. Sous la Révolution française, les idées firent même la convoitise du fisc; on abandonna toutefois rapidement ce projet le jugeant carrément inapplicable. On voit par ces quelques exemples tirés de la petite histoire de l'impôt selon Mehl et Beltrame que, déjà à ces époques, la politique fiscale pouvait avoir des finalités autres que le seul financement des activités de l'État.

Depuis le temps qu'existe l'impôt, les objets de taxation ont bien changé. Cette mutation est imputable au développement du commerce, des transports, des communications, de la science et de la technologie. La taxe d'aéroport, par exemple, était inconnue au début du XXᵉ siècle, tout comme l'imposition des communications téléphoniques ou encore la taxe sur les énergies fossiles ne pouvaient exister avant qu'on les découvre, qu'on les invente ou qu'on les exploite. Il ne serait pas étonnant alors qu'advenant la fabrication de clones humains, on puisse envisager de les imposer. Plus sérieusement, la norme en la matière amène les gouvernements à privilégier l'imposition des signes extérieurs de richesses, qui sont, en définitive, observables en fonction du revenu, du capital ou de la consommation. Les choix de politique fiscale s'effectuant en fonction de la disponibilité de l'une ou l'autre de ces richesses.

Les pays ont des cultures et des traditions différentes. Leurs caractéristiques nationales, entre autres facteurs, vont les pousser à privilégier l'un ou l'autre de ces indicateurs de richesse. À ce propos, Maurice Baslé écrit dans un de ses ouvrages (1989) que parmi les pays industrialisés certains, comme la Norvège, le Danemark, la Grèce ou le Portugal, affichent une dominante fiscale sur les biens et les services (autrement dit la consommation). D'autres, le Japon et les Pays-Bas en particulier, insistent fortement sur la taxation des bénéfices des sociétés. La Suède, pour sa part, et c'est fort connu, impose lourdement le revenu personnel. Voilà donc des pays fort différents et qui taxent de manière différente. Les valeurs et les traditions représentent, par conséquent, des contraintes importantes dans le processus d'élaboration de la politique fiscale. Cependant, la première contrainte demeure économique. En effet, comment penser à taxer les revenus si l'état du développement industriel et économique ne le permet pas encore? Autrement dit : on ne taxe pas ce qui n'existe pas.

Le mode d'imposition

La troisième et dernière grande question qui se pose aux concepteurs de la politique fiscale porte sur le mode d'imposition. En d'autres mots, comment les ressources fiscales dont les gouvernements et les administrations ont besoin seront-elles prélevées? Directement ou indirectement.

On distingue traditionnellement entre impôts directs pour lesquels il n'y a pas d'intermédiaire entre l'État percepteur et le contribuable et les impôts indirects pour lesquels une tierce partie sert d'intermédiaire entre le fisc et le payeur de taxes. L'usage veut que le revenu soit associé à l'imposition directe et que la dépense soit associée à l'imposition indirecte. C'est une image bien utile pour illustrer la différence entre les deux modes de perception. Cependant, la distinction entre les deux n'est pas aussi simple et ne se résume pas à un classement des objets fiscaux. Une définition complète de chacun des modes nous obligerait à traiter, entre autres, des méthodes et des techniques d'identification de la matière imposable. Ce n'est pas notre propos et ce n'est pas essentiel non plus à la compréhension de la démarche de conception de la politique fiscale. Qu'il suffise de retenir que chacun de ces modes de prélèvement des ressources de l'État comporte des avantages et des inconvénients.

Le choix du mode de perception pour chacun des objets de la matière imposable dépend en premier lieu de la nature de l'objet, de sa disponibilité ainsi que de la fréquence de ses manifestations. Ainsi, il est plus facile sur le plan technique et moins coûteux d'imposer de manière directe un objet stable comme le revenu salarial que d'imposer de la même manière un objet comme la consommation qui est, par définition, aléatoire. Le choix des modes d'imposition doit respecter, comme dans le cas de la matière imposable, les valeurs sociales, les traditions et l'état de l'économie.

Pour bien saisir l'importance des us et coutumes dans le choix d'un mode de taxation, il suffit de lire des débats qui ont précédé la création de la confédération canadienne. On y apprend que les Pères

de la Confédération, au fait de l'impopularité de l'impôt direct et convaincus qu'il serait fort peu utilisé, l'ont attribué aux provinces comme
seul mode de perception des deniers publics[17].

Une réponse selon la philosophie politique

La distinction entre le mode direct et le mode indirect des impôts
permet d'identifier la philosophie politique à laquelle adhère un gouvernement. L'impôt direct est, la plupart du temps, associé aux gouvernements interventionnistes, alors que l'impôt indirect est plutôt le
fait de gouvernements enclins à laisser agir les forces du marché. C'est
là une théorie qu'ont défendue plusieurs auteurs. Les propos de Jean
Matouk (1987) sont très clairs sur la question et ils valent la peine
d'être cités. «Pour autant les socialistes s'opposent aux «libéraux» sur
le choix de cette fiscalité qui finance cet État-«providence», eux (les
socialistes) sont clairement partisans des impôts progressifs sur le
revenu et le patrimoine.» (p.127)

Au Canada et au Québec, les débats autour de la fiscalité laissent
entrevoir que, sur le strict plan des idées, les gens de tendance néo-
libérale privilégient une nette réduction de l'impôt progressif sur le
revenu. Ce à quoi s'opposent ceux dont l'orientation est plutôt sociale-
démocrate. Dans la réalité, toutefois, il est difficile d'établir un clivage
bien net entre les politiques fiscales des gouvernements qui se sont
succédé tant au fédéral que dans les provinces.

Les embûches de la politique fiscale

Le stade de développement de l'économie

«L'institution d'un système fiscal de rendement élevé n'est possible
que dans une économie comportant un certain degré de développement
industriel.» C'est en ces mots que Lucien Mehl et Pierre Beltrame
(1984) soulignaient le rôle crucial de l'économie relativement à la
politique fiscale. Depuis la fin de la Deuxième Guerre mondiale, les
économies des pays industrialisés se sont enrichies à une vitesse

---

17. Voir à ce propos J.M. Beck (dir.) (1971). *The Shaping of Canadian Federalism,
Central Authority or Provincial Right*, Toronto, Copp Clark.
Gabriel Ardant dans son *Histoire de l'impôt* (1972), livre II, Paris, Fayard, a
démontré que dans la première moitié du XXe siècle l'histoire fiscale suit d'assez
près l'histoire politique. Pascale Bertoni a démontré, pour sa part, que l'histoire de
la Ve république en France ne permettait pas de confirmer la théorie.

foudroyante. Le Canada, par exemple, a vu son produit intérieur brut nominal passer de 11,863 milliards de dollars en 1945 à 711,2 milliards de dollars en 1994. Cette progression de 6 000 % en 50 ans a été deux fois plus rapide que celle observée au cours de la période située entre 1870 et 1944 qui a duré 75 ans (Gillespie, 1991). Les politiques fiscales ont joué un rôle de premier plan dans cette évolution, n'en doutons pas. Cependant, ce rôle n'a pas été aussi déterminant que celui joué par la révolution industrielle et les développements qui s'en suivirent, ce que nous enseigne d'ailleurs la théorie de H.H. Hinrichs[18] sur l'évolution du système fiscal. Celui-ci a émis l'hypothèse qu'il existerait une correspondance entre le stade de développement économique d'une société et les structures fiscales que les gouvernements mettent en place. Pour lui, une économie en essor (*take-off*) amène la mise en place d'une structure fiscale où prédomine l'imposition indirecte. Par contre, dans une économie développée, soit, en théorie, le stade ultime de l'évolution, les impôts directs et progressifs se substituent aux impôts indirects comme impôts prédominants. On comprendra donc que, dans une économie en voie de développement où les gens vivent en autarcie et où les emplois salariés sont peu nombreux, le revenu d'emploi ne peut pas constituer un objet d'imposition valable et productif. En revanche, une société fortement industrialisée possède un bassin d'emplois étendu, ce qui rend alors possible, attrayante et productive l'imposition directe de cet objet. On peut donc en déduire qu'une politique fiscale ne saurait construire un système fiscal sur des objets qui sont soit trop rares ou inexistants.

De plus, la santé économique de la matière imposable, au même titre que le stade de développement, a une influence déterminante sur les choix de politique fiscale. En effet, une politique de taxation qui serait logique et sensée n'imposerait pas des objets se trouvant dans une telle position de fragilité qu'ils seraient menacés de disparition. C'est ainsi que, pour empêcher le dépérissement, voire la faillite d'un secteur industriel particulier, une administration choisirait de soustraire les produits de cette industrie à toute forme d'impôt. On se souviendra, à titre d'exemple, de la décision du gouvernement péquiste de René Lévesque d'exempter les meubles fabriqués au Québec.

---

18. H.H. Hinrichs cité dans Lucien Mehl et Pierre Beltrame, *Science et technique fiscale*, Paris, Presses universitaires de France, 1984.

Les valeurs sociales

Les contraintes économiques sont inévitables comme nous venons de le voir. Par contre, elles ne sont pas les seules à influer sur les choix de politique fiscale. Les valeurs sociales et les traditions sont aussi des facteurs décisifs en matière d'imposition.

Les Pères de la Confédération canadienne, comme nous venons de le souligner à propos du mode d'imposition, avaient fort bien compris qu'il fallait accorder aux valeurs sociales une attention toute particulière. Bien qu'ils aient fait preuve d'une certaine myopie quant au devenir du pays naissant, ils ont su jouer avec brio la carte «sociale» au moment du partage des pouvoirs de taxation entre les deux ordres de gouvernement.

Si nous réfléchissons encore quelques instants sur les origines de la constitution canadienne, notamment sur les valeurs sociales sous-jacentes au partage de la fiscalité entre les deux ordres de gouverne-ments, on peut fort bien imaginer qu'à l'époque les Canadiens travaillaient dur pour un pécule fort modeste et leurs acquis représen-taient un bien précieux et intouchable. Le travail et l'effort étaient donc sacrés pour ces gens. De plus, on peut supposer que leur identité sociale était intimement liée à leur fonction dans la société. Aujour-d'hui, la révolution industrielle ayant depuis longtemps fait son œuvre, le système de valeurs du contribuable canadien est fort différent de celui des citoyens de 1867. La révolution industrielle bien sûr mais surtout l'ère de la consommation ont modifié le processus de valorisation de l'individu qui, de plus en plus, se définira par son avoir et par son pouvoir de dépenser.

Le citoyen canadien est, à l'heure actuelle, un grand consom-mateur. Le pouvoir de dépenser est devenu une valeur prédominante. Sa capacité de se procurer des biens et des services en quantité abon-dante est liée à son revenu. Or l'impôt progressif sur le revenu réduit son pouvoir de dépenser, alors que les taxes à la consommation aug-mentent le coût d'acquisition des biens et services. Les responsables de la politique fiscale sont donc pris dans un dilemme. Le besoin fiscal ne diminuant pas, que doivent-ils faire? Diminuer l'impôt sur le revenu, augmenter les taxes à la consommation ou quoi encore! Gageons que si les Pères de la Confédération devaient redéfinir aujourd'hui le partage des pouvoirs, il y a fort à parier qu'ils feraient exactement la même chose étant donné qu'aujourd'hui l'emploi est redevenu une denrée rare, donc précieuse et que, au plan psychologique, un produit légère-ment plus cher demeure abordable si le pouvoir de dépenser demeure fort.

Les traditions historiques

Les traditions historiques sont la troisième grande contrainte de la politique fiscale. Les traditions historiques, ce sont essentiellement, comme le disent Gaudemet et Molinier (1993), l'inertie du système fiscal et la résistance au changement. Ces phénomènes rendent toute réforme ou réorientation de la politique fiscale extrêmement difficile. Avec le temps, comme le notent ces auteurs, les contribuables s'habituent aux impôts en place et apprennent à s'accommoder de leurs irritants. On peut aller jusqu'à dire que la connaissance des failles du système le rend tolérable au payeur de taxes. Tout changement de politique et notamment toute modification de la matière imposable crée une insécurité à laquelle le contribuable préférera le «confort» d'un impôt connu.

«On n'impose pas ce que l'on n'a pas», nous l'avons déjà dit en d'autres mots. Il y a, toutefois, une autre restriction à la taxation qui, de prime abord, n'a rien d'évident: «On n'impose pas ce que la société ne veut pas.» C'est là une autre façon d'exprimer l'influence de l'histoire, des traditions et des valeurs sur la prise de décision en matière de politique fiscale.

En résumé, les choix de la politique fiscale doivent être faits en tenant compte d'un ensemble de facteurs dont les principaux, comme nous venons de le voir, sont: le développement industriel et économique, les valeurs individuelles et collectives attachées à chaque objet de taxation et la résistance à tout changement. Cela dit, une fois établies les grandes orientations de la politique fiscale, les gouvernements et les administrations vont mettre en place et régulièrement adapter un système fiscal structuré de façon à viser un rendement maximum. Ce système est construit à partir d'un agencement des divers impôts et prélèvements. Ces impôts et taxes sont autant d'outils à la disposition des responsables de la politique fiscale.

Les outils de la taxation

Donc, le moyen de la taxation est... l'impôt. C'est un moyen qui comprend plusieurs instruments que les gouvernements utilisent pour appliquer leurs politiques fiscales. Chacun d'entre eux comporte des avantages et des inconvénients au regard des objectifs et des fonctions des politiques de taxation.

Une classification des outils de la politique fiscale

Il existe plusieurs typologies de l'impôt, la plus connue étant la répartition selon le mode entre impôts directs et impôts indirects. On peut aussi classer les divers prélèvements en fonction de leur base, de l'incidence, etc. Cependant la plupart de ces typologies sont de peu d'utilité quand vient le temps de concevoir une politique fiscale. D'une part, les distinctions entre les divers impôts, selon ces classifications, ne sont pas toujours très claires comme le reconnaissent la plupart des auteurs. D'autre part, ces classifications ne reposent pas sur les activités économiques qui sont les seuls faits générateurs de la taxation, c'est-à-dire les événements qui permettent à l'État d'associer le contribuable et la matière imposable[19].

De plus, comme la politique fiscale doit composer avec trois missions qui ont toutes un rapport direct avec la richesse individuelle ou collective, elle ne peut être déterminée qu'en fonction des différents stades de cette richesse, soit l'acquisition, l'accumulation et la dépense.

Les impôts sur le revenu

Le concept de revenu

Les impôts sur la production de la richesse sont basés principalement sur le revenu des personnes physiques et sur le revenu des sociétés. Le revenu est une notion « élastique » en ce sens qu'il est possible de le définir de manière très restrictive ou, au contraire, de façon très large. Dans son sens le plus étroit, le revenu ne concerne que la rémunération liée à un emploi telle que le salaire du commis de bureau, le traitement du fonctionnaire ou encore les honoraires de l'avocat ou encore le profit de l'entreprise. À l'autre extrême, on définit le revenu comme étant un gain de toute source et de toute nature. Par exemple, une telle définition force à ajouter à la rémunération les bénéfices marginaux liés à son emploi, tels que la voiture de compagnie, la rétribution en actions, les pourboires, etc.[20]

---

19. Pour qu'un impôt puisse se réaliser, il est essentiel que les trois éléments (dont nous avons parlé au début du chapitre 3), la base, la matière imposable et le fait générateur, soient réunis.
20. On apprend régulièrement par les journaux que la rémunération, assez élevée d'ailleurs, de certains hauts-dirigeants d'entreprise est faite surtout de bonis et d'avantages particuliers.

Tableau 5

Classification des impôts au sens de l'OCDE

1000   Impôts sur le revenu, les bénéfices et les gains en capital
1100   Impôts sur le revenu, les bénéfices et les gains en capital des personnes physiques
1110   Sur le revenu et les bénéfices
1120   Sur les gains en capital
1200   Impôts sur le revenu, les bénéfices et les gains en capital des sociétés
1210   Sur le revenu et les bénéfices
1220   Sur les gains en capital
1300   Non ventilables entre les rubriques 1100 et 1200

2000   Cotisations de sécurité sociale
2100   À la charge des salariés
2200   À la charge des employeurs
2300   À la charge des travailleurs indépendants ou des personnes n'occupant pas d'emploi.
2400   Non ventilables entre les rubriques 2100, 2200 et 2300

3000   Impôts sur les salaires et la main-d'œuvre

4000   Impôts sur le patrimoine
4100   Impôts périodiques sur la propriété immobilière
4110   Ménages
4120   Autres agents
4200   Impôts périodiques sur l'actif net
4210   Personnes physiques
4220   Sociétés
4300   Impôts sur les mutations par décès, les successions et les donations
4310   Impôts sur les mutations par décès, les successions et les donations
4320   Impôts sur les donations
4400   Impôts sur les transactions mobilières et immobilières
4500   Autres impôts non périodiques sur le patrimoine
4510   Impôt sur l'actif net
4520   Autres impôts non périodiques
4600   Autres impôts périodiques sur le patrimoine

5000   Impôts sur les biens et services
5100   Impôts sur la production, la vente, le transfert, la location et la livraison de biens et la prestation de services
5110   Impôts généraux
5111   Taxes sur la valeur ajoutée
5112   Impôts sur les ventes
5113   Autres impôts généraux sur les biens et services
5120   Impôts sur des biens et des services déterminés
5121   Accises
5122   Bénéfices des monopoles fiscaux
5123   Droits de douane et droits à l'importation
5124   Taxes à l'exportation
5125   Impôts sur les biens d'équipement
5126   Impôts sur des services déterminés
5127   Autres impôts sur les transactions et les échanges internationaux
5128   Autres impôts sur des biens et services déterminés
5200   Impôts sur l'utilisation des biens ou l'autorisation d'utiliser des biens ou d'exercer des activités
5210   Impôts périodiques
5211   À la charge des ménages au titre de véhicules à moteur
5212   À la charge d'autres agents au titre de véhicules à moteur
5213   Autres impôts périodiques
5220   Impôts non périodiques
5300   Non ventilables entre les rubriques 5100 et 5200

6000   Autres impôts
6100   À la charge exclusive des entreprises
6200   À la charge d'autres agents que les entreprises ou non identifiables

Un souci d'équité incite la plupart des pays industrialisés à concevoir leur politique fiscale à partir d'une définition plutôt large du revenu, une définition trop restreinte ayant le défaut d'exclure du champ de taxation tous ces éléments qui, pour bon nombre de personnes, se greffent au salaire de base. Cette pratique des bénéfices marginaux est une pratique courante chez les entreprises qui souhaitent obtenir pour leurs cadres le meilleur traitement fiscal possible. La compagnie leur verse alors d'importants compléments salariaux sous forme d'actions privilégiées, de prêts sans intérêt, de voiture privée, de résidence secondaire, de voyages, etc. Ces compléments constituent des avantages considérables et permettent d'avoir un niveau de vie qu'un simple salaire ne parvient pas toujours à procurer. Bref, les critères de justice et d'équité dont nous avons traité auparavant sont incompatibles avec une définition très étroite du revenu. Ils s'accommodent mieux d'une définition la plus large possible.

Le revenu des particuliers

La loi canadienne de l'impôt inclut, dans le revenu personnel, la rémunération d'un emploi sous forme de salaire et de gages, le revenu d'affaires découlant d'une activité professionnelle, commerciale ou industrielle, les intérêts et les dividendes ainsi que, depuis 1989, les deux tiers de tout gain en capital excédant l'exemption consentie de 100 000 $ à vie. Le gain en capital ne comprend toutefois pas le profit tiré de la vente de la résidence principale. De plus, la loi prévoit que les gains faits à l'étranger par un Canadien sont imposables aux taux en vigueur au Canada et payables en devises canadiennes.

Le grand avantage de l'impôt sur le revenu est sa stabilité, ce qui est de première importance pour le budget de l'État. Il facilite aussi l'utilisation de taux progressifs qui, on l'a vu, sont un facteur fondamental dans la recherche de l'équité. Contrairement à la consommation, par exemple, l'impôt sur le revenu est facilement personnalisé pour tenir compte de la situation particulière de chaque contribuable. Le fardeau fiscal peut alors être distribué en fonction de critères sociaux et économiques. Ainsi, deux employés travaillant dans la même entreprise, ayant les mêmes tâches, la même expérience de travail et la même rémunération, seront imposés différemment si leurs obligations sociales diffèrent : ce serait le cas advenant le fait que l'un soit célibataire, et l'autre soit marié et père de trois enfants d'âge scolaire.

Le principal inconvénient de cet impôt, cependant, tient au fait qu'il est trop étroitement lié à la structure d'âges d'une société. Une collectivité vieillissante ou, à l'opposé trop jeune, tend à surimposer un nombre insuffisant de contribuables actifs sur le marché de l'emploi. Cet inconvénient s'amplifie lorsque le taux de chômage est très élevé. De plus, on soutient, et c'est d'ailleurs un des arguments favoris des opposants à ce type de taxation, qu'il décourage l'effort et la production, ce qui est loin d'avoir été démontré, on l'a vu au chapitre 1 lorsque nous avons traité du seuil de tolérance et de la courbe de Laffer.

Le revenu des sociétés

L'imposition des sociétés est une pratique somme toute assez récente. Elle a été instituée en 1871 au Canada. Les États-Unis et l'Allemagne l'ont implantée en 1920, alors que la Belgique et la Grande-Bretagne ont attendu, respectivement, jusqu'en 1962 et 1965.

1996

■ Réduction du crédit d'impôt pour les sociétés à capital de risque de travailleurs et du montant d'achat maximal admissible pour l'application du crédit. Prolongation de la période minimale de détention pour l'application du crédit. Pas d'admissibilité au crédit pendant trois ans après le rachat d'actions de sociétés à capital de risque de travailleurs.

■ Élimination de la déduction des frais administratifs relativement aux fonds enregistrés de revenu de retraite (FERR) et aux REER.

■ Limitation de l'allégement au titre des retenues d'impôt pour les non-résidents qui reçoivent un revenu de pension provenant du Canada.

■ Resserrement des règles régissant le crédit d'impôt pour emploi à l'étranger.

Modifications récentes apportées au régime des dépenses fiscales liées à l'impôt des sociétés

1994

■ Instauration d'une surcharge temporaire de 40 p. 100 sur les bénéfices des producteurs de tabac.

- Réduction d'un point de pourcentage du taux de l'impôt sur les bénéfices de fabrication et de transformation, qui est passé de 22 à 21 p. 100.

- Élimination progressive des crédits d'impôt à la recherche scientifique et au développement expérimental (RS&DE) pour les grandes sociétés privées dont le capital imposable se situe entre 10 et 15 millions de dollars.

- Élimination du crédit d'impôt spécial à l'investissement et du crédit d'impôt à la RS&DE de 30 p. 100 offert dans les provinces de l'Atlantique.

- Abaissement, de 15 à 10 p. 100, du crédit d'impôt à l'investissement dans la région de l'Atlantique.

- Élimination de l'amortissement accéléré du matériel de réduction de la pollution de l'eau et de l'air, à compter de 1999.

- Abaissement du taux d'amortissement accéléré du matériel de conservation énergétique par remplacement du taux d'amortissement linéaire de 50 p. 100 par un taux d'amortissement dégressif de 30 p. 100.

- Resserrement des règles sur la remise de dettes.

- Élimination du recours aux « réorganisations papillon » par achat pour éviter l'impôt sur le produit de disposition d'un bien en capital à valeur accrue.

- Majoration de l'impôt remboursable sur les dividendes reçus par une société privée (impôt de la partie IV).

- Élimination de l'avantage spécial pour les exécutants de la RS&DE à fin unique.

- Restriction de certains stratagèmes d'évitement faisant appel aux titres de créance convertibles et au prix de base rajusté.

- Obligation pour les assureurs multirisques d'actualiser entièrement le montant des sinistres non réglés.

- Modification des critères permettant aux sociétés d'assurances de demander la déduction des provisions aux fins de l'impôt.

- Instauration d'une règle imposant un délai pour la déduction des dépenses de RS&DE.

■ Élimination de l'avantage fiscal lié aux dettes à recours limité, application de l'impôt minimum à toutes les déductions relatives à des abris fiscaux et hausse des pénalités pour vente d'abris fiscaux non inscrits (communiqué du 1er décembre 1994).

1995

■ Remplacement de l'abri fiscal pour productions cinématographiques par un crédit d'impôt à l'investissement.

■ Resserrement des règles liées à un contrat de RS&DE avec lien de dépendance, à la prestation avec lien de dépendance de produits et de services aux fins de la RS&DE, et à certains paiements à des tiers.

■ Annonce de règles renforçant la capacité qu'a Revenu Canada d'obtenir des renseignements.

■ Annonce de règles empêchant l'évitement des versements au titre des retenues à la source.

■ Abolition du choix du bénéficiaire privilégié pour la plupart des bénéficiaires.

On taxe les entreprises au même titre que les individus parce qu'elles jouissent autant sinon plus que les individus des services de l'État. Elles bénéficient de législations protectionnistes, des systèmes judiciaire et de sécurité publique ; elles utilisent les infrastructures routières et tirent des avantages indéniables des services d'éducation, de santé et de sécurité sociale.

Les profits bruts ou nets forment l'essentiel du revenu d'entreprise. Ils sont aux yeux des gouvernements et des citoyens une source de taxation abondante. De plus, les gouvernements n'ignorent pas que l'accumulation de profits est souvent vue par certains comme pas tout à fait légitime et légèrement abusive. Il est parfois politiquement bon ton de la dénoncer, et c'est pourquoi une forte pression fiscale sur les entreprises jouit généralement d'un soutien populaire. C'est là un avantage à ne pas négliger pour la classe politique. De plus, comme dans le cas des particuliers, ce type de prélèvement permet d'ajuster la contribution de l'entreprise à la hauteur de ses profits ; donc, d'être progressif.

En revanche, l'imposition du bénéfice des sociétés se traduit souvent, en bout de ligne, par une double imposition pour l'actionnaire. Celui-ci est d'abord imposé en tant que propriétaire de l'entreprise – son dividende étant calculé non pas sur le profit brut, mais sur le profit net après impôt – puis il est imposé en tant que particulier – son dividende (qui a déjà été imposé) doit être ajouté à son revenu annuel dans sa déclaration. Cette situation explique en partie pourquoi les autorités gouvernementales exercent une pression plus faible sur le revenu des entreprises que sur celui des individus.

On l'a vu, tous ne sont donc pas unanimes sur le bien-fondé de l'imposition des entreprises. Pascal Salin (1985), répétons-le, estime qu'en raison du phénomène de la translation du fardeau fiscal, l'entreprise ne paie jamais d'impôts ni de taxes. Dans ces conditions, à quoi bon, selon lui, dépenser des deniers publics pour l'administration d'une taxe imposée à un contribuable qui n'existe pas dans les faits[21]?

Les cotisations sociales

Les particuliers, en plus de l'impôt sur le revenu, subissent d'autres prélèvements à même leur rémunération salariale. Il s'agit des cotisations à divers programmes ou régimes sociaux, tels que l'assurance-emploi pour citer un des programmes les plus connus. Ces programmes sont, pour la plupart, supportés conjointement par le salarié et par l'entreprise, dans des proportions définies par le législateur. Ce type de prélèvement a connu une importante progression depuis la Deuxième Guerre mondiale, en raison surtout du nouveau rôle économique et social que s'est donné l'État. Ces prélèvements sont, en effet, typiques de l'État-providence parce qu'ils visent, au premier chef, à soutenir l'individu en situation de difficultés temporaires ou à lui permettre de conserver un niveau de vie satisfaisant une fois la retraite venue. En fait, les cotisations sociales ont une fonction identique à celles des primes d'assurance ou encore à celles des cotisations à des fonds de pension.

Les impôts sur le capital

Le capital, c'est la richesse accumulée. Le compte de banque, les actions en bourse, les immeubles, les collections d'œuvres d'art peuvent être considérés comme un patrimoine, c'est-à-dire comme l'ensemble des biens individuels appréciables en argent. Contrairement au revenu,

---

21. Voir à ce sujet la discussion sur le contribuable légal et le contribuable de fait.

le bien en capital n'est pas rapidement réalisable. Par exemple, un citoyen peut posséder une collection de tableaux de grande valeur, mais avoir peu d'argent liquide en sa possession. Pour réaliser monétairement sa richesse, il devra vendre sa collection de tableaux à un prix soumis aux fluctuations du marché de l'art, et ce, sans compter qu'il devra sans doute patienter un certain temps avant qu'un acheteur ne se présente. Il en va de même pour les immeubles et résidences, les valeurs mobilières, les bijoux, etc.

Pourquoi le gouvernement fédéral ne prélève-t-il pas un impôt sur la fortune pour améliorer l'équité du régime fiscal?

Même si le Canada ne prélève pas d'impôt sur l'actif net annuel ni d'impôt sur le transfert de fortune, les impôts sur la richesse (p. ex. impôts fonciers des municipalités et impôts sur le capital des sociétés) ont été plus élevés en pourcentage du PIB que dans tous les autres pays de l'OCDE en 1994.

Les contribuables à revenu élevé paient des sommes importantes en impôts. En 1994, les particuliers, dont le revenu était supérieur à 100 000 dollars, comptaient pour un peu plus de 2 p. 100 des déclarants; ils ont reçu 15 p. 100 du revenu total, mais ont payé 21 p. 100 des impôts sur le revenu.

Pour empêcher le transfert, en franchise d'impôts, de revenu entre générations, le gouvernement impose aussi tous les gains en capital non réalisés au décès, sauf lorsque l'actif est transféré au conjoint.

Un impôt sur la fortune accroîtrait tout simplement les taux d'imposition effectifs déjà élevés sur le rendement des placements.

Depuis 1994, le gouvernement a cherché à assurer que les contribuables à revenu élevé assument leur juste part des efforts de réduction du déficit. Parmi les mesures prises, mentionnons:

- l'élimination de l'éxonération cumulative des gains en capital de 100 000 dollars;

- l'élimination d'avantages fiscaux inappropriés résultant de l'établissement de fiducies familiales;

- la réduction des plafonds de cotisation à des régimes de pension agréés et des régimes enregistrés d'épargne-retraite;

- des restrictions aux mécanismes inappropriés de report des impôts.

Un impôt sur le capital ne peut être prélevé sur une base régulière comme on le fait pour l'impôt sur le revenu. Il y a deux moments privilégiés pour le faire. Ce peut être, premièrement, à l'occasion du transfert de biens en capital, par exemple, lors de l'attribution d'un héritage. Il peut aussi être prélevé en cours de détention. Prenons l'exemple d'une maison unifamiliale. Les impôts fonciers que doit acquitter annuellement son propriétaire constituent un prélèvement effectué au moment de la possession du bien. Advenant que le propriétaire décède et lègue la maison en héritage à son enfant, celui-ci pourrait avoir à payer un droit de succession. Dans ce cas, il s'agit d'un prélèvement effectué au moment de la mutation du titre de propriété, donc d'un transfert.

La question de la pertinence d'imposer le capital est régulièrement soulevée. C'est ainsi que l'impôt sur les successions apparaît et disparaît sporadiquement de la structure du système fiscal. La réponse la plus simple que l'on puisse fournir est que l'on désire éviter qu'une trop grande partie de cette richesse accumulée demeure improductive sur le plan social et économique. Prenons une collection privée d'œuvres d'art. Cette collection ne contribue pas à la formation culturelle des citoyens, contrairement à une collection exposée dans un musée. Prenons encore le cas d'une somme d'argent qui dort dans un compte de banque; cette richesse individuelle non investie n'est pas très créatrice d'emplois; elle constitue une perte importante en termes de potentiel de développement d'une société. Imposer le capital le rend donc productif sur le plan social, à défaut de l'être sur le plan économique. On impose aussi le capital parce qu'il procure, notamment dans les cas d'héritages, des avantages et des ressources qui ne sont pas pour les héritiers le fruit du travail et de l'effort. Il y a donc, dans cette imposition, une mesure visant l'équité sociale et économique.

Les impôts sur la consommation

Si le capital constitue une richesse accumulée, la consommation est un acte de destruction de la richesse. Mais le mot « destruction », ici, n'a pas nécessairement à avoir une connotation négative. Tout comme il faut se nourrir pour vivre, le développement économique exige une consommation de ressources bien souvent non renouvelables. C'est le cas de la consommation de matières premières par les entreprises, consommation nécessaire à la production. Il faut, cependant, bien faire la distinction entre la nécessaire consommation et le gaspillage. Cette distinction est particulièrement cruciale dans le cas des matières premières non renouvelables.

Par ailleurs, il y a des consommations dont les effets pervers sont lourds de conséquences et qui vont à l'encontre du développement socio-économique d'une société. On n'a qu'à penser aux maladies trop souvent mortelles liées à l'usage du tabac, et aux multiples problèmes qu'entraîne la consommation abusive d'alcool, de médicaments et d'autres drogues. Parce que la consommation est de nature fort variée, il est difficile de lui appliquer un impôt qui tienne compte à la fois des intérêts économiques, sociaux, voire culturels d'une société.

Certains estiment que cet impôt ne peut être véritablement équitable du fait qu'il est très difficile de personnaliser les taxes à la consommation comme on peut si facilement le faire pour l'impôt sur le revenu. Il est effectivement malaisé de discriminer entre deux acheteurs de caviar, l'un pauvre et l'autre riche, et faire en sorte que ce dernier paie son produit plus cher par l'addition d'une surtaxe. Une telle politique serait inapplicable : ou bien les consommateurs devraient produire une déclaration de revenu à chacun de leurs achats, ou bien il faudrait que les caissiers et préposés à l'emballage soient des fonctionnaires du fisc! et que ceux-ci soient dotés de pouvoirs d'inquisition très étendus.

Cela dit, il demeure possible – mais jusqu'à un certain point seulement – de faire une distinction entre la fortune des consommateurs en ce qui a trait aux produits et services offerts sur le marché. Ainsi, pour reprendre l'exemple du caviar, on sait que sa consommation est très souvent le fait d'une classe sociale précise. Imposer ce produit « de luxe » frappera, la plupart du temps, une clientèle certainement aisée. En jouant sur la « personnalisation » que permettent certains produits de consommation, il est donc possible pour le gouvernement de parvenir à une certaine équité fiscale.

Une des caractéristiques de l'impôt à la consommation est qu'il peut être indolore. Cela se produit, notamment, lorsque la taxe ou les taxes frappant un produit ou un service sont incorporées dans le prix de vente. C'est le cas de la taxe d'accise sur des produits spécifiques. L'essence et l'alcool en sont des exemples types. Au Québec, le prix moyen du litre d'essence dans une station était à une époque de 0,638 $. Les différentes taxes représentaient 48,7 % de ce montant, soit 0,311 $. Bien que les consommateurs savent que ce produit est taxé, la plupart d'entre eux sont inconscients du fait qu'une aussi large part du coût d'achat est retournée au fisc. Imaginons un instant la situation inverse : le prix affiché est de 0,327 $ le litre d'essence et c'est le caissier qui ajoute la taxe de 0,311 $. L'impôt fait alors sentir sa présence et perd son caractère indolore.

Impôts généraux, spécifiques et monopoles d'État

Il existe un grand nombre d'impôts à la consommation, que l'on peut tous classer en trois catégories : les impôts généraux sur les biens et les services, tels que la TPS canadienne (taxe sur les produits et services) ou encore la TVQ (taxe de vente du Québec) ; les impôts spécifiques sur les produits, tels que les taxes d'accise et les droits de douane ; et, enfin, les monopoles d'État.

Les taxes générales à la consommation – qui ont, en fait, une assiette fiscale très large – ont comme pour tous les autres prélèvements fiscaux pour fonction principale de générer des fonds pour le financement des activités de l'État. Elles n'ont pas une fonction de redistribution de la richesse. Du fait que le nombre de consommateurs qu'il touche correspond, à peu de chose près, à la totalité de la population, cet impôt représente un avantage indéniable en comparaison de l'impôt sur le revenu, surtout dans un contexte de vieillissement de la population. Par ailleurs, puisque le bassin de contribuables est très large, les taux de prélèvement peuvent être maintenus très bas tout en assurant un bon rendement. Outre une fonction de financement, ces taxes sont également utilisées pour soutenir, promouvoir ou, *a contrario,* décourager certaines pratiques de consommation.

En plus de servir, eux aussi, à financer l'État, les impôts spécifiques ont aussi d'autres fonctions à remplir. Les gouvernements vont à l'occasion les alourdir dans un but de conservation de l'énergie, de soutien à l'agriculture, de protection de l'environnement, de prévention en matière de santé, de lutte à l'alcoolisme, etc. Il arrive parfois que les autorités gouvernementales choisissent la voie inverse : ils diminuent le taux de taxation soit pour stimuler la consommation d'un produit particulier, soit pour aider ou relancer une industrie défaillante.

Les monopoles d'État, pour leur part, ne sont pas des impôts ou des taxes au sens strict du terme. On les y assimile en raison du fait que seuls le gouvernement, les administrations ou les entreprises du secteur public en ont un contrôle quasi absolu. Sont touchés par cet impôt les produits commercialisés en exclusivité par l'État. Au Québec, on retrouve sous cette rubrique les spiritueux, les jeux de loterie et de casino. À ces produits s'ajoutent les droits et permis reliés à la chasse et à la pêche, au port et à l'utilisation d'armes à feu, à la conduite d'un véhicule moteur, à l'immatriculation et aux assurances automobile. On peut aussi ranger au nombre de ce type de prélèvements les diverses amendes, dont les plus courantes ont trait aux infractions au code de la route.

L'État justifie généralement ces monopoles par des raisons de justice sociale, de préservation de l'environnement, de protection de la santé, de prévention de la criminalité ou encore de sauvegarde de la morale publique et collective. Ces facteurs se conjuguent toutefois à un motif majeur : ces entreprises d'État sont des sources importantes de revenu.

On impose la consommation aujourd'hui parce qu'elle est l'activité économique la plus généralisée dans l'ensemble d'une population. En effet, il n'existe pas d'individu qui soit un non-consommateur absolu. Se loger, se nourrir et se vêtir sont des activités de consommation universelles. La consommation offre donc une assiette de taxation presque infinie et qui, en plus de suivre la croissance de la population, croît au même rythme que l'apparition de nouveaux produits et de nouveaux services[22].

Un des principaux inconvénients de l'imposition de la consommation est que le fisc doit compter sur l'intervention de nombreux intermédiaires comme, par exemple, les commerçants, qui deviennent autant d'agents occasionnels de l'État en recueillant et remettant au fisc les montants des taxes telles la TPS et la TVQ. Ce type d'imposition a aussi le désavantage de favoriser la fraude fiscale. Nombreux sont ceux qui négocient avec le marchand une entente de type «pas de facture, pas de taxe».

Les mesures fiscales

Les impôts, les taxes et les prélèvements de toutes sortes sont, on vient de le dire, l'outil de la politique fiscale. Pour choisir une politique, les autorités gouvernementales vont déterminer avec beaucoup de soins les conditions d'application des divers prélèvements. Un tel choix s'observe à partir des mesures fiscales annoncées, pour les principales d'entre elles, au cours de la lecture du discours du budget. Qui n'a pas entendu, à un moment ou l'autre de sa vie de contribuable, un ministre des Finances dire: «À compter de minuit ce soir, la taxe sur le litre d'essence sera augmentée de...» Quelques minutes plus tard, l'achalandage aux stations-services augmente de façon surprenante. Par cette petite annonce, faite en très peu de mots, le gouvernement vient

---

22. Pour un exposé complet sur la question des monopoles fiscaux, lire le livre de Stéphane Lavigne (1991), *Contributions indirectes et monopoles fiscaux*, Paris, Presses universitaires de France.

d'introduire une mesure spécifique qui aura pour effet de modifier sa politique fiscale.

En fait, le ministre des Finances n'a pas, par ce geste, réformé sa politique ; il l'a ajustée en changeant un des termes d'application d'une taxe particulière. Dans ce cas-ci, il a haussé le taux de prélèvement tout en conservant la même matière imposable (le litre d'essence) et en ne changeant pas le fait générateur (l'achat à la pompe).

Ce que nous voulons faire comprendre ici, c'est le fait que l'instrument de base (impôt), en raison des éléments qui le composent, permet au gouvernement de mettre en place un très grand nombre de mesures fiscales. Cette multiplicité de mesures, certaines étant très difficiles à observer, voire à décoder, rend la politique fiscale fort complexe.

Outre le fait de créer un nouvel impôt ou d'instaurer un prélèvement additionnel, les mesures fiscales que les gouvernements mettent en place portent essentiellement sur les éléments constitutifs de l'impôt suivants : la base (façon de déterminer la valeur économique de l'objet imposé), la matière imposable, le fait générateur (achat, vente, rémunération...), le taux et le tarif (les conditions particulières d'application du taux).

En résumé, les objectifs et les choix de politique fiscale d'un gouvernement sont nombreux, bien souvent contradictoires et portent sur une multitude d'éléments dont l'équilibre d'ensemble doit être assuré pour la plus grande efficacité de la politique telle que mise en œuvre. L'efficacité de la politique de taxation ne peut être évaluée qu'en fonction de ses missions qui sont, comme nous le savons : le financement de l'État, le développement économique et la redistribution de la richesse.

Mesures adoptées pour accroître l'équité du régime fiscal depuis 1994
(Année d'adoption entre parenthèses)

Capacité contributive : Impôt des particuliers

- Abolition de l'exonération cumulative des gains en capital (ECGC) de 100 000 dollars. (1994)
- Élargissement de l'assiette de l'impôt minimum de remplacement (IMR). (1994)
- Élimination des avantages fiscaux offerts aux fiducies. (1995)
- Resserrement de l'utilisation des abris fiscaux. (1994)
- Instauration de nouvelles règles touchant les contribuables qui entrent au Canada ou qui le quittent pour que les gains accumulés pendant qu'un contribuable est résident du Canada soient assujettis à l'impôt canadien. (1996)
- Application de la taxe sur les primes d'assurance-vie payées par l'employeur à la première tranche de 25 000 dollars. (1994)
- Abaissement du seuil de tolérance des cotisations excédentaires à un régime enregistré d'épargne-retraite (REER) pour le faire passer de 8 000 à 2 000 dollars. (1995)
- Abaissement à 13 500 dollars du plafond des REER et des régimes de pension agréés (RPA) à cotisations déterminées en 1996 et gel jusqu'en 2003 et 2002 respectivement. (1995, 1996)
- Gel du montant maximal admissible au titre des RPA à prestations déterminées à 1 722 dollars par année de service jusqu'en 2005 (cette mesure touche uniquement les particuliers dont le revenu est supérieur à 75 000 dollars). (1996)
- Élimination du report des allocations de retraite pour les années de service après 1995. (1995)
- Instauration d'un test de revenu s'appliquant au crédit en raison de l'âge. (1994)
- Réduction de la limite d'âge de 71 à 69 ans pour le report d'impôt sur les sommes versées dans les REER et les RPA. (1996)

Capacité contributive : Impôt des sociétés

- Augmentation de l'impôt sur les bénéfices des grandes sociétés (IGS) et de la surtaxe des sociétés. (1995)
- Instauration d'une surcharge temporaire imposée aux banques et aux grands établissements de dépôt. (1995)
- Élimination de la déduction accordée aux petites entreprises pour les grandes sociétés privées. (1994)
- Abaissement de la déduction pour frais de repas et de représentation de 80 à 50 p. 100 afin de traduire le volet « consommation personnelle » de ces dépenses. (1994)
- Majoration du taux de l'impôt sur les dividendes d'entreprises reçus par une société d'investissement privée. (1994)
- Adoption de mesures pour assurer le calcul approprié du revenu des institutions financières aux fins de l'impôt. (1994)
- Abolition du report d'impôt relatif aux bénéfices d'entreprises non constituées en société. (1995)
- Abolition de la possibilité de reporter les revenus de placements de sociétés de portefeuille privées. (1995)

Aide spéciale aux démunis : Impôt des particuliers

- Instauration d'un nouveau traitement fiscal réservé aux pensions alimentaires pour enfants, qui sont désormais assujetties à l'impôt comme revenu du payeur plutôt que du bénéficiaire. (1996)
- Annonce d'une bonification de 250 millions de dollars en deux temps du Supplément du revenu gagné dans le cadre de la Prestation fiscale pour enfants (PFE). (1996)
- Proposition d'une nouvelle prestation aux aîné(e)s, d'application plus progressive, entièrement indexée et non imposable, en remplacement des prestations de sécurité de la vieillesse (SV) et du Supplément de revenu garanti (SRG) en 2001. (1996)
- Remplacement de la limite de sept ans applicable au report des droits de cotisation inutilisés à un REER. (1996)
- Bonification du crédit d'impôt pour personnes handicapées à charge. (1996)
- Abaissement du seuil appliqué aux dons de bienfaisance ouvrant droit au crédit d'impôt de 29 p. 100, pour le ramener de 250 à 200 dollars. (1994)
- Augmentation des limites relatives aux dons de bienfaisance pour le calcul du crédit d'impôt : le pourcentage admissible passe de 20 à 50 p. 100 du revenu net, et à 100 p. 100 du revenu net l'année du décès et l'année précédente. (1996)
- Le montant pour études est haussé de 80 à 100 dollars par mois. (1996)
- Hausse de 4 000 à 5 000 dollars du total des frais de scolarité et du montant pour études qui peuvent être transférés à un contribuable qui subvient aux besoins d'un étudiant. (1996)

Canada, *Discours du budget 1998*, Ministère des Finances.

CHAPITRE 4

EFFICACITÉ ET RÉFORME
DE LA POLITIQUE FISCALE

Pour mener à bien sa politique économique, un gouvernement compte sur sa politique fiscale. Les administrations s'en servent pour atteindre des objectifs économiques, notamment l'allocation des ressources aux acteurs économiques que sont l'État, les individus et les entreprises ainsi que la stabilité du développement de l'économie sans oublier la redistribution de la richesse. Mesurer l'efficacité de la politique fiscale, c'est donc évaluer sa performance au regard des trois fonctions de la politique. Pour ce faire, il faut d'abord comprendre ce qu'est l'interventionnisme fiscal que l'on peut sommairement décrire comme étant le rôle et les méthodes des gouvernements dans la création et l'allocation de la richesse.

Motif et méthodes de l'interventionnisme fiscal

Dans son traité de politique fiscale, Maurice Lauré qualifiait l'interventionnisme de méthode d'«interventions conjoncturelles». Il entendait par là que les administrations conçoivent des politiques économiques dont la nature première est d'être anticyclique et, il ajoute que les gouvernements emploient la taxation comme un moyen d'accélérer ou de ralentir, selon le cas, l'activité économique. Par exemple, en temps de récession, les taux d'imposition seront allégés de manière à inciter les individus ou les entreprises à consommer ou à investir, faisant en sorte que la demande de biens et services s'amplifie ou encore que la disponibilité des fonds d'investissement s'élargisse. À l'inverse, lorsqu'il y a risque de «surchauffe», c'est-à-dire au moment où une offre trop forte se conjugue à une consommation débridée, les gouvernements alourdiront la fiscalité dans le but d'obtenir un ralentissement de l'économie, ramenant du même coup un rythme de croissance plus modeste; le but de cette dernière opération est d'éviter une saturation qui dégénérerait éventuellement en récession. La plupart des pays industrialisés emploient ou ont déjà employé, au cours de leur histoire, de telles politiques de « contre-courant ».

Pour les gouvernements, l'impôt est un outil économique très avantageux, notamment parce que le contribuable y est très sensible. Toute réduction ou augmentation du fardeau fiscal se traduit instantanément par un accroissement ou une perte du pouvoir d'achat. Ainsi, une administration qui souhaite, pour une raison ou une autre, diminuer le fardeau fiscal de ses commettants et lui rendre la chose évidente a tout intérêt à le faire par le truchement de l'impôt plutôt que par l'intermédiaire des instruments économiques plus complexes que sont, par exemple, le taux de change et le taux préférentiel, concepts dont la compréhension est difficile pour le simple citoyen. L'impôt étant un lien tangible entre l'État et le citoyen. L'utilisation de l'impôt comme stimulant ou comme frein à la consommation de même qu'à l'épargne ou à l'investissement est un message simple et clair. En gros, c'est cela l'interventionnisme fiscal de l'État.

Des finalités économiques sélectives

Lorsqu'on utilise l'impôt à des fins économiques, on le fait, généralement, en fonction d'objectifs et de cibles bien identifiées. L'intervention peut prendre alors la forme de crédits ou de congés fiscaux pour soutenir une activité d'entreprise ou la recherche et développement. Ce peut être encore un allégement fiscal pour inciter à l'achat d'une première résidence, dans le but de relancer la construction domiciliaire. Les occasions d'intervention, tout comme les modes, sont nombreuses et variées. Cependant, parmi tous les procédés à la disposition des administrations, quatre semblent être plus fréquemment utilisés, nous allons les examiner rapidement.

Le congé temporaire

Comme l'expression le suggère, les autorités gouvernementales soucieuses d'attirer une entreprise dans une région particulière du territoire national choisissent souvent de lui accorder une exonération fiscale temporaire, totale ou partielle. Au Québec, les fabricants de véhicules automobiles et de camions ont déjà bénéficié, par le passé, de tels cadeaux. De cette manière, le gouvernement québécois a réussi à attirer temporairement[23] la firme coréenne à Bromont, et il a empêché

---

23. L'usine de Bromont est fermée depuis déjà quelques années.

la fermeture de l'usine du manufacturier nord-américain General Motors qui avait une grande importance économique pour la région des Basses-Laurentides. L'exemption temporaire, partielle ou totale, s'avère bénéfique non seulement sur le plan économique, mais également sur les plans social et politique. En effet, ces mesures, qui au départ sont des dépenses fiscales, ont la réputation de créer un climat de confiance tant chez l'entreprise bénéficiaire et chez ses employés que chez les citoyens en général qui voient là une mesure susceptible d'enrichir la collectivité.

Par contre, si l'entreprise ne réussit pas à tenir le coup assez longtemps, il n'est pas sûr que la tactique du congé fiscal soit rentable. Cette forme de subvention est efficace dans la mesure où le développement économique ainsi suscité est durable.

La promotion de certaines activités économiques

Des interventions de l'État peuvent être justifiées par la nécessité de maintenir sur le territoire national, grâce à un effort fiscal modéré, des entreprises et des activités requérant des emplois de haute qualification et bien rémunérés (Lauré, 1956). Cela se traduit souvent par un soutien à la recherche et au développement, comme c'est le cas pour l'industrie de la pharmacologie à Montréal et les recherches pétrolières en d'autres endroits du Canada. Aux mêmes fins, de petites entreprises canadiennes ont déjà pu bénéficier d'une aide fiscale gouvernementale par le truchement du programme de recherche scientifique et de développement expérimental (RS&DE). L'aide des pouvoirs publics prendra aussi à l'occasion la forme d'un crédit d'impôt à l'investissement. Au Canada, en 1993, celui-ci était de 35 % sur la première tranche de 2 millions de dollars de dépenses en recherche scientifique et développement (Canada, Ministère des Finances, 1993). On sait de plus que, au Canada, les activités de conservation et d'exploitation des forêts jouissent d'un traitement fiscal privilégié.

La promotion de l'investissement et de l'épargne

Pendant que les gouvernements désirent protéger des activités déjà existantes, ils veulent aussi promouvoir l'investissement et l'épargne bien souvent parce qu'il leur faut relancer une économie défaillante. Ils mettront alors sur pied des programmes fiscaux comme, par exemple, un amortissement fiscal des immobilisations, ainsi que l'auto-

rise la *Loi canadienne de l'impôt sur le revenu*. C'est ainsi qu'à une
certaine époque, le gouvernement fédéral avait autorisé une exemption de 100 000 $ à vie sur l'achat de biens immobiliers. Toujours dans
le but d'encourager les investissements productifs d'emplois et de
générer un capital de risque notamment pour les petites et moyennes
entreprises, on a autorisé, au Québec, des crédits d'impôts aux personnes contribuant à des fonds de placement créés par une centrale
syndicale. Le premier fut le Fonds de solidarité de la FTQ suivi,
quelques années plus tard, par celui de la CSN. Cet intérêt pour la
promotion de l'investissement et de l'épargne constitue un volet important de la politique fiscale canadienne depuis que les besoins en financement de la dette nationale réduisent la disponibilité des fonds
prêtables pour l'entreprise et le consommateur. On sait, qu'en raison
des besoins de financement de leur dette, les gouvernements sont les
clients les plus importants des institutions financières.

L'imposition de produits spécifiques

L'interventionnisme de l'État passe aussi par la taxation de produits
spécifiques. Cette imposition vise plusieurs objectifs. Entre autres, un
tel impôt agira, si on le souhaite, comme frein à la consommation de
produits ou de services jugés potentiellement dommageables pour la
santé ou les bonnes mœurs. Les exemples les plus connus sont le tabac,
l'alcool ou les lignes téléphoniques érotiques. Le législateur peut, par
ailleurs, vouloir assurer la survie d'une denrée rare pour laquelle le
marché est mal assuré; c'est le cas de certains produits de luxe.

Cependant, l'imposition de produits spécifiques peut viser un tout
autre objectif: celui du transfert du fardeau économique des pauvres
vers les riches. C'est le même résultat qu'on souhaite obtenir en imposant le revenu des nantis pour en transférer une partie aux démunis
par l'intermédiaire des programmes sociaux (Lauré, 1956). Les gouvernements invoquent alors le principe de la plus grande utilité de ces
ressources pour les personnes à revenus modestes, d'une part, et,
d'autre part, ils estiment que la propension à la consommation des
personnes à revenus modestes est plus forte que celle des personnes à
revenus élevés. C'est ainsi que donner de l'argent aux moins fortunés
contribue à relancer la consommation.

La politique fiscale est-elle efficace ?

En dépit de toutes ces bonnes intentions, la question demeure : l'interventionnisme fiscal est-il efficace au point de rendre indispensable l'action des pouvoirs publics ? Pour y répondre, il faut tout d'abord se rendre compte des limites de la fiscalité comme outil de développement économique.

Le conflit entre les objectifs

La première difficulté de la politique fiscale comme moyen d'intervention réside dans le conflit permanent entre les grands objectifs de l'imposition. En effet, la justice, l'équité et l'efficacité ne sont pas facilement des ambitions compatibles : trop souvent, elles sont contradictoires. Un gouvernement trop soucieux d'équité aura une certaine difficulté à parvenir à l'efficacité et inversement ; la recherche d'efficacité peut faire perdre de vue l'équité entre les contribuables. Le tout doit demeurer une question d'équilibre entre ces objectifs.

Une évaluation difficile des objectifs

On mesure assez facilement le rendement financier d'une politique ; on n'a, pour ce faire, qu'à examiner les revenus nets de l'État. Il en va tout autrement de la justice et de l'équité. Puisque la situation socioéconomique diffère suivant les contribuables – particuliers ou entreprises –, comment alors peut-on s'assurer qu'il y ait justice et équité entre eux ?

Il est établi que celui ou celle qui a un revenu, qui accumule un capital ou qui consomme un bien ou un service (selon le système fiscal en vigueur) se transforme *de facto* en un contribuable. Cependant l'importance réelle de sa contribution peut difficilement s'évaluer à partir de ces trois sources. En effet, l'impôt à la consommation présente un obstacle majeur dans le calcul du montant réel des contributions de chacun. Pour déterminer ce montant avec précision, il faudrait que chaque dépense fasse l'objet d'un enregistrement ; cela relève de la science-fiction ou de l'utopie «*Big Brother*». Pour un gouvernement, la recherche de la justice et de l'équité passe donc principalement par l'impôt progressif sur le revenu et sur le capital.

Mais comment s'assurer de l'atteinte de ces objectifs si tous ne paient pas d'impôt ? C'est le cas de ceux dont le revenu est trop bas et qui sont sans capital et de ceux qui ont un revenu ou un capital très élevé, mais qui, grâce aux exonérations de toutes sortes et aux conseils judicieux de fiscalistes, parviennent à déjouer les percepteurs. Au Canada, en 1987, comme le notait alors le ministre fédéral de l'époque, Michael Wilson, 1 830 citoyens dont le revenu était supérieur à 100 000 $ n'ont payé aucun impôt sur le revenu ; et 23 % de ceux dont le revenu excédait ce montant ont été imposés à un taux inférieur à 15 %, soit le taux d'imposition moyen des Canadiens les plus pauvres à cette époque.

Toutefois le fait de ne pas payer d'impôt sur le revenu ne signifie nullement qu'aucun impôt n'est payé, car la complexité de la structure fiscale et la diversification des prélèvements tissent autour du citoyen une toile d'araignée de laquelle il ne parvient pas à s'échapper totalement. Tous ceux dont le revenu est très élevé paient donc des impôts sous une forme ou une autre, mais trop souvent dans une proportion moindre qu'ils le devraient en toute équité. Il en va de même pour les moins nantis, on ne parviendra pas à leur éviter totalement la taxation.

Il n'y a pas encore de solution parfaite à ce problème permanent. Pour tenter de concilier les trois objectifs, les gouvernements recourent à une technique de balancier. Tantôt ils choisiront de favoriser des groupes cibles, tantôt ils auront un préjugé favorable pour d'autres. Ainsi, ce qui, une année, apparaît équitable aux yeux de certains contribuables, le sera moins ou plus du tout, l'année suivante. La lecture des discours du budget d'un gouvernement sur une certaine période nous convainc rapidement de la réalité du balancier. Il n'en saurait être autrement dans un système où la clientèle des partis est très diversifiée et où l'optimisation du soutien électoral sert de principe directeur aux politiques publiques. Cependant, cette façon d'appliquer une politique fiscale a, à long terme, des effets pervers : il accentue les écarts entre les objectifs.

Un instrument mal adapté

L'objet de la politique économique est de corriger les déséquilibres du marché (Greffe, 1993). Même s'il ne crée pas de richesse, à proprement parler, le secteur public[24] en stimule la création et la redistribue. Pour adoucir l'impact négatif d'une récession ou pour soutenir une économie

---

24. La définition du secteur public tel qu'employé ici exclut les entreprises d'État qui, pour certaines d'entre-elles à tout le moins, ont pour missions de créer de la richesse (Hydro-Québec, par exemple).

lente à redémarrer, les gouvernements recourent à leur capacité d'intervention et utilisent les instruments à leur disposition : l'imposition et la dépense. Si la dépense est bien adaptée pour ce faire, l'imposition n'est pas conçue pour cela (Lauré, 1993). Parmi les méthodes d'interventions fiscales, certaines provoquent l'effet contraire à celui recherché. Par exemple, l'instauration d'un droit de douane visant à protéger l'industrie domestique de la concurrence étrangère risque d'avoir un rendement financier nul puisque ce droit menace les importations, source importante de revenus (Gaudemet et Molinier, 1993). Une situation identique prévaut en matière d'impôt sur le capital : à trop forte dose, il décourage l'investissement. Quant à l'imposition des bénéfices, elle encourage les entreprises qui perdent de l'argent au détriment de celles qui sont productives (Lauré, 1993). Par contre, on sait maintenant que l'impôt et les cotisations sociales ont peu d'effet sur l'incitation au travail et à l'effort.

Un instrument lent

La fiscalité (sauf dans le cas de certaines taxes indirectes) est un instrument «lent» pour deux raisons. Premièrement, les choix fiscaux avant d'entrer en vigueur doivent recevoir l'autorisation du législateur en raison du principe amené depuis fort longtemps déjà par la Grande Charte de 1215 : pas d'impôt sans consentement. Cela signifie donc que toute mesure fiscale nouvelle doit faire l'objet d'une modification à la loi de l'impôt, ce qui nécessite des délais parfois longs compte tenu du niveau de débat suscité par certaines propositions. Il arrive même que pour la modification de certains impôts les gouvernements vont passer par une consultation très large allant jusqu'à rédiger un Livre blanc.

Deuxièmement, les mesures fiscales ne créent pas l'économie. Plus encore, elles agissent sur les structures économiques plutôt que sur l'évolution économique, et leur action s'exerce principalement au chapitre des exemptions. De plus, une fois disparus les motifs de leur établissement, ces exemptions sont difficiles à retirer (Lauré, 1956).

Une fois admises ces limites évidentes de l'interventionnisme fiscal, d'aucuns pourraient mettre en doute la pertinence d'en vérifier l'efficacité. La réponse est qu'il faut se pencher sur le rendement des politiques fiscales parce qu'elles provoquent des débats fréquents, qu'elles distinguent les gouvernements entre eux (c.-à-d. libéraux par opposition aux conservateurs) et qu'elles ont certainement des effets tangibles ne serait-ce qu'aux chapitres de l'allocation des ressources, du développement de l'économie et de la redistribution de la richesse.

L'allocation des ressources

L'importance de la dette accumulée par l'ensemble des administrations canadiennes de même que les déficits récurrents de plusieurs gouvernements laissent planer de sérieux doutes sur la capacité des politiques fiscales à générer les fonds nécessaires aux activités de l'État. À l'heure actuelle, la dette combinée de toutes les administrations est de l'ordre de 700 milliards de dollars, soit à peu près l'équivalent de la valeur totale du produit intérieur brut (PIB) évalué à 711,2 milliards pour l'année budgétaire 1993-1994 (Martin, 1994). On soutient même dans certains milieux que, toutes proportions gardées, cette situation est la pire de tous les pays industrialisés.

Cet état de choses n'est pas nouveau. Le Canada a connu plusieurs périodes où les finances publiques furent largement déficitaires. Des événements majeurs comme les guerres mondiales et la Grande Crise économique de 1929 ont eu de graves répercussions, à moyen et long termes, sur l'équilibre des budgets publiques. Cependant, ces moments plus difficiles furent toujours suivis de périodes de grande prospérité. Ce fut le cas notamment au cours des décennies 1960 et 1970 pendant lesquelles l'ensemble des administrations publiques ont enregistré des surplus financiers. Depuis les années 1980, la situation est différente : les déséquilibres budgétaires sont persistants et croissants. On ne peut décemment imputer la faute à la seule politique fiscale «défectueuse». Le Canada par exemple, sous la gouverne des conservateurs de Bryan Mulroney, a enregistré, à quelques reprises, un surplus en termes de budget d'opérations. Ce sont les dépenses au titre du service de la dette qui provoquaient à elles seules le déficit de l'ensemble des dépenses.

Les déficits et la dette accumulée ne sont pas aux yeux de tous un signe du mauvais rendement de la politique fiscale. Bien que certains comme Frederick Hayek, Jacques Rueff ou Milton Friedman, pour n'en nommer que quelques-uns, voient là une situation catastrophique, d'autres, notamment ceux qui adhèrent aux théories keynésiennes, justifient la création de déficits au nom de l'interventionnisme. Ceux-ci seraient plus enclins à minimiser l'importance de ces indicateurs que sont les déficits et la dette. Ce débat entre des écoles de pensée dont le point de vue est diamétralement opposé laisse entendre que le résultat brut de l'efficacité d'allocation des ressources de la politique fiscale doit être pondéré par d'autres facteurs comme le degré d'interventionnisme des gouvernements et le rendement de l'économie.

Tableau 6

**Revenus et dépenses de l'ensemble
des administrations publiques au Canada,
1950-1992 années choisies**

(en millions de dollars)

Année	Impôts	Revenus non budgétaires	Total des recettes	Total des dépenses	Surplus ou déficit
1950	4,153	481	4,634	4,080	+ 554
1960	9,596	1,114	10,710	11,380	– 670
1970	27,870	3,930	31,800	31,088	+ 712
1980	93,815	22,493	116,308	124,925	– 8,617
1992	258,704	49,618	307,322	354,076	– 45,754

Source : Statistique Canada, *Comptes nationaux des revenus et dépenses*,
Catalogue 13-001.

Le développement de l'économie

Une économie qui progresse de façon stable est une économie où le taux
de chômage est en accord avec le taux de plein-emploi, où le produit
intérieur brut augmente à un rythme soutenu et où le taux d'inflation
est le plus bas possible. Si, en général, les économistes s'entendent
depuis longtemps pour accepter une inflation d'au plus 2 % et une
croissance réelle d'au moins 5,5 %, le taux de plein-emploi, pour sa
part, a tendance à reculer avec les années. En effet, de 3 % de chômage
qu'il était jadis, il est devenu acceptable aujourd'hui de le situer à près
de 10 %[25]. La rétrospective de ces indicateurs économiques, comme
celle faite par J. Harvey Perry (1989), par exemple, révèle qu'effectivement le taux de chômage au Canada est passé de 2,2 % en 1947 pour
se fixer au-dessus de la barre des 10 % dans les années 1980. Pendant
ce temps, la croissance réelle en dollars constants (1971) a fluctué énor-
mément au cours de la période d'après-guerre jusqu'à aujourd'hui tout
en ne dépassant jamais le plafond de 9,4 % déjà atteint en 1955. Enfin,
la cible de 2 % d'inflation a rarement été atteinte au cours de la même
période.

---

25. Voir à ce sujet Douglas J. McCready, *The Canadian Public Sector*, Toronto,
Butterworths, 1984, p. 319 ; Douglas G. Hartle, *The Expenditure Budget Process of
the Government of Canada*, Toronto, The Canadian Tax Foundation, 1988, p. 83 à
86 ; Luc Weber, *L'État, acteur économique*, Paris, Economica, 1988, p. 185.

La politique fiscale s'est-elle bien acquittée de sa mission économique? Les données statistiques incitent plutôt à penser le contraire. Cependant, comme dans le cas précédent, il serait hasardeux et téméraire de vouloir tirer des conclusions définitives. Peut-être que le rendez-vous manqué entre la politique fiscale et l'économie doit être porté au compte de la faible capacité de l'impôt comme outil de développement économique.

La redistribution de la richesse

Si la politique fiscale contribuait efficacement à redistribuer la richesse, des changements significatifs seraient observables sur une longue période. Mais tel ne semble pas être le cas. L'effet redistributif des politiques fiscales mises en place à ce jour restent pour le moins douteux. Aux États-Unis, par exemple, on a observé que, sur une période de 30 ans, la part du revenu après impôt des 15 % des contribuables les plus riches n'avait pas diminué (Pechman, 1986). Ces riches contribuables accaparaient, en 1952, 30 % de l'ensemble des revenus après impôt, part qui, en 1981, a grimpé jusqu'à 35 %. Les plus riches d'entre les riches n'ont nullement été affectés par les impôts dits « distributifs ». Selon toute vraisemblance, la redistribution a été surtout profitable à des contribuables légèrement moins fortunés, mais dont les revenus se situent encore bien au-delà de la moyenne américaine.

La raison principale du peu de succès obtenu par les politiques redistributives n'explique pas le fait de l'apparente progressivité de l'impôt sur les revenus des particuliers au cours de cette même période. Pechman a constaté (1986) que le taux effectif de l'impôt sur le revenu des contribuables les plus fortunés est passé de 33 % en 1952 à 30 % en 1981, soit une baisse réelle de 3 %. La différence a été répercutée sur la catégorie suivante de contribuables. Cette dernière a vu son taux d'imposition croître de 20 % à 23 %.

On a vécu la même chose au Canada. De 1961 à 1992, selon les données de l'Institut Fraser, les contribuables canadiens les plus fortunés ont vu leur part du revenu total avant impôt croître de 53,60 % à 57,58 %. Pendant ce temps, la classe moyenne canadienne voyait sa part fléchir de 35,60 % à 33,20 % et les plus pauvres passer de 10,80 % du revenu à 9,22 %. Il ressort de ces chiffres que sur une période de trente ans, en dépit d'un recours accru à l'impôt progressif sur le revenu, la distribution des revenus ne s'est pas améliorée. On comprend mieux ces résultats lorsqu'on prend en compte, pour les mêmes années, que la distribution du fardeau de l'impôt progressif sur le

Figure 3

**Distribution de revenu dans la population
Canada**

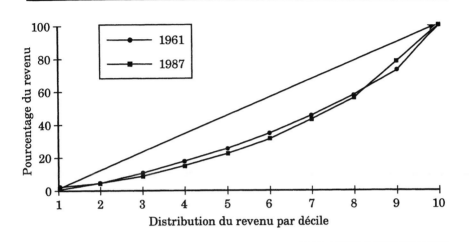

Distribution du revenu par décile

revenu des individus s'est alourdie pour les classes inférieure et moyenne passant de 2,7 % à 4,2 %, dans le premier cas, et de 29,5 % à 30,1 % dans le second cas. Par contre, l'imposition de la classe supérieure s'est allégée de 67,8 % à 65,7 %.

Cependant, considérée dans son ensemble, la politique fiscale montre des résultats différents. En effet, tous prélèvements confondus, le fardeau des plus pauvres a fléchi de 8,5 % à 5,8 %. Tandis que celui de la classe moyenne s'est accru de 30,6 % à 31,4 %, tout comme celui de la couche supérieure qui est passé de 60,9 % à 62,8 %. Or, si dans l'ensemble du Canada, les efforts de redistribution de la richesse ne semblent pas avoir donné les résultats escomptés, on ne peut raisonnablement en faire porter le blâme en totalité à la politique fiscale. Tout au plus, pouvons-nous avancer que l'instrument n'a pu afficher un rendement supérieur à sa capacité réelle compte tenu des limites de l'interventionnisme. Il faut plutôt imputer cela aux contradictions du système fiscal. Maurice Baslé propose une explication intéressante à l'érosion de la progressivité de l'impôt sur le revenu; il écrit: « Cependant, pour des raisons de rendement, la généralisation de l'imposition directe sur les revenus s'accompagne souvent d'une taxation sur les revenus moyens ou même moyens inférieurs ce qui limite alors le caractère redistributif du système fiscal. » (1989; 83)

Le remède : la réforme de la politique fiscale

Efficace ou non, selon le point de vue que l'on adopte, le système fiscal est périodiquement l'objet d'un projet de réforme. On invoque la plupart du temps la nécessité de corriger les défauts majeurs et les irritants du système et de la structure des impôts. Ce besoin se fait ironiquement sentir bien souvent à l'occasion d'un changement de gouvernement. On comprend que les partis politiques ne conçoivent pas le rôle de l'État de la même manière et n'aient pas les mêmes préoccupations en matière de taxation puisqu'en principe leurs bases électorales sont différentes.

Au Canada, le dernier projet de réforme de la fiscalité, en date mis de l'avant par le gouvernement progressiste-conservateur élu en 1984, était clairement une tentative de rompre avec la tradition interventionniste de l'ère Trudeau. Le ministre des Finances de l'époque, Michael H. Wilson, écrivait : « Des raisons impérieuses militent en faveur d'une réforme de la fiscalité au Canada. Celle-ci est injuste à maints égards. Elle réduit la capacité de croissance et de création d'emplois du Canada. Elle devient une source de recettes de moins en moins fiable. » Étant donné l'idéologie économique de son parti, on sentait nettement dans ses propos un souci de donner plus de marge de manœuvre aux forces du marché ; une telle orientation s'opposait à celle des gouvernements libéraux précédents. Par contre, le ministre libéral Edgard Benson, par exemple, soutenait lors de la première tentative sérieuse de réforme de la fiscalité au Canada, celle de 1971, que : « Les besoins financiers des gouvernements fédéral et provinciaux, qui ont d'importants et d'utiles projets à réaliser, sont si grands que nous ne pouvons maintenant nous permettre de réduire l'ensemble des recettes tirées de l'impôt sur le revenu des particuliers et des corporations. » Doern, Maslove et Perry (1991) ont soutenu que l'objectif premier du gouvernement fédéral d'alors était de faire en sorte que l'impôt sur le revenu devienne la principale source de financement du gouvernement ; cet impôt étant perçu comme plus équitable et plus juste par les contribuables.

Le projet de loi déposé par Benson était, toutefois, une version largement édulcorée de la proposition de réforme recommandée par la commission Carter dont s'était inspiré le ministre. Bien plus, la timidité de la réforme Benson cadrait mal avec la volonté exprimée par le gouvernement Trudeau dès le début de son mandat. Doern, Maslove et Perry nous ont expliqué que les éventuels perdants de la réforme, notamment la grande industrie minière et les gouvernements provinciaux, investirent le processus de consultation mis en place à la suite du dépôt du projet de réforme et réussirent à infléchir la volonté du ministre.

Une décennie plus tard, en novembre 1981, les mêmes libéraux et le ministre Allan MacEachen revinrent à la charge. Ils s'attaquèrent alors à trois problèmes précis : le coût et l'efficacité douteuse des exemptions fiscales, le handicap que constituait pour les producteurs canadiens la taxe en vigueur sur les produits manufacturés au Canada et l'impôt sur les gains en capital vu comme trop avantageux pour les contribuables fortunés. Le gouvernement propose alors de réduire les exemptions fiscales accordées aux particuliers et d'accompagner cette mesure d'une diminution du taux marginal d'imposition des entreprises. Allan MacEachen escomptait bien, par là, récupérer un surplus qui aiderait à combler le déficit budgétaire. Cette tentative de réforme, menée sous le couvert du secret de la préparation budgétaire, a suscité un tel tollé que le gouvernement Trudeau a été forcé de faire machine arrière.

Il faudra attendre le projet de réforme Wilson pour que l'on puisse assister à des changements significatifs dans la politique fiscale du gouvernement fédéral. Ce projet, contrairement aux précédents, va bénéficier d'un climat favorable. En effet, depuis un certain nombre d'années déjà, la réforme de la fiscalité est inscrite au programme des sociétés industrialisées. Les déficits chroniques et les dettes accumulées par le secteur public de ces pays ont rendu incontournable la révision des systèmes d'impôt. Les projets américains et britanniques surtout vont fournir toute la crédibilité nécessaire à la réforme canadienne[26].

Le projet de réforme du gouvernement Mulroney prévoit donc remédier aux principaux malaises du système fiscal par une action comportant deux volets. Premièrement, réduire le nombre de taux d'imposition sur le revenu des particuliers et des entreprises (il n'en subsiste plus maintenant que trois : 17 %, 26 % et 29 %) et convertir les exemptions fiscales en crédits d'impôt. Deuxièmement, remplacer la taxe de vente sur les produits manufacturés par une taxe sur la valeur ajoutée : la TPS.

Le succès du projet Wilson aura indéniablement été plus grand que les tentatives libérales qui en fait ont avorté. Outre un contexte extrêmement favorable, cette réforme a réussi là où les autres ont

---

26. Voir à ce propos, l'ouvrage de Maurice Boslé (1989), *Systèmes fiscaux*, Paris, Presses universitaires de France, p. 152 à 173.

échoué, parce qu'elle était socialement et psychologiquement désirée. Le succès d'une réforme fiscale tient, en effet, beaucoup à la façon dont on prend en compte la psychologie particulière au contribuable. Maurice Lauré (1956) notait à ce propos : « On ne peut aboutir à une réforme fiscale que par la restauration du civisme et en se livrant à une préparation psychologique des contribuables. » Les gouvernements retiennent généralement cette leçon. Par exemple, le projet Benson a été précédé de la commission Carter, le projet MacEachen était déjà annoncé, dans le discours du budget de 1981 et celui de Wilson dans les discours de 1985 et de 1986. Cependant, toute préparation psychologique aussi pertinente qu'elle puisse être doit être faite avec beaucoup de doigté et de sens politique. L'introduction de la TPS, un des volets de la réforme Wilson, est un exemple probant de la résistance psychologique des contribuables. On se rappellera que les contribuables canadiens ont mis du temps à accepter cette modification de la taxe de vente.

La réussite d'un projet de réforme du système fiscal n'est pas une garantie pour autant de l'efficacité des politiques fiscales ; ce sont là deux choses différentes. D'une part, on peut très bien changer l'ensemble de la fiscalité sans qu'en bout de piste les politiques obtiennent de meilleurs résultats. Comme on l'a vu, les projets de réforme doivent s'inscrire dans une volonté déterminée d'être efficace et non pas se loger uniquement à l'enseigne du changement idéologique.

CHAPITRE 5

LE CONTRIBUABLE ET LE FISC

Une des pierres d'achoppement de la politique fiscale est sûrement le comportement du contribuable. Toute décision en la matière, aussi juste et équitable soit-elle, sera toujours dépendante pour son efficacité de la volonté du contribuable de s'y soumettre. En dépit de lois contraignantes, les individus et les entreprises conservent une marge de manœuvre qui leur permet de se soustraire partiellement ou totalement à l'imposition. Pour le contribuable, l'alternative est toujours la même : la soumission ou la fuite. La première option, il va sans dire, ne présente aucune difficulté apparente. Pour le rendement de la politique fiscale, en revanche, la fuite devant le fisc est un sérieux problème même si ce geste n'est pas dénué de toute utilité et de toute justification. Il répond à des besoins et fournit des informations pertinentes aux autorités politiques. Avant de parler de cela, faisons d'abord certaines distinctions qui nous semblent essentielles.

Évasion et fraude : une distinction nécessaire

On associe généralement fuite fiscale à illégalité. Pourtant, bien des moyens d'alléger son fardeau fiscal s'inscrivent dans les cadres d'un respect strict de la loi. Ce sont, par exemple, les exonérations, les dégrèvements et les crédits d'impôt qui ne sont pas des gestes frauduleux parce qu'ils sont autorisés par la loi de l'impôt. À proprement parler on ne peut pas dire que l'utilisation de ses dispositions fiscales constitue une fuite délibérée devant l'impôt. Ce sont plutôt des privilèges accordés dans la prise en compte de la situation du contribuable. Cependant, ces allégements pavent la voie à des abus qui, sans être illégaux, n'en sont pas pour autant légitimes. Ces abus mènent le contribuable dans une zone grise entre la légalité et l'intégrité. C'est le cas, par exemple, de la personne d'affaires qui réclame un crédit pour le petit déjeuner pris en compagnie de son conjoint. C'est le cas aussi pour les contribuables qui exploitent systématiquement la moindre faille de la loi. Ces personnes font ce qu'il convient d'appeler de

« l'évasion fiscale » ; ils agissent ainsi à la frontière du légal et du légitime utilisant plus la lettre de la loi que son esprit. Ce contribuable n'est pas toujours sensible à l'immoralité de son comportement et n'est pas toujours conscient des abus auxquels il se livre. Le fraudeur volontaire, au contraire, est bien au fait de l'illégalité de son geste et sait pertinemment bien qu'il encourt des sanctions s'il est repéré. Dans les deux cas, cependant, l'avantage immédiat que constitue pour le contribuable le fait d'éviter partiellement ou totalement l'impôt se transforme en un manque à gagner pour le fisc. Cette perte de ressources est une contrainte pour les administrations.

L'expression de malaises

Le phénomène de l'évitement fiscal ne peut pas se ramener à un simple bilan de gains et de pertes. Cette pratique lorsqu'elle s'amplifie et se propage à une bonne partie de la population dénote l'existence de profonds malaises dans une société. Malaises économiques, bien sûr, mais aussi, et surtout, malaises sociaux et politiques.

Rupture sociale et érosion du sens moral

Lucien Mehl et Pierre Beltrame (1984) ont écrit : « Il existe une corrélation certaine entre le degré de cohésion et de stabilité d'une société, la force de l'attachement que ses membres manifestent à l'égard des principes politiques qui sont à sa base, d'une part, et le niveau de spontanéité et de sincérité dans l'exécution des obligations fiscales, d'autre part. » La force du sentiment d'appartenance dont il est question dans le propos de ces auteurs est donc un élément clé dans l'appréciation du phénomène. Cette rupture de la cohésion sociale est souvent le fait de sociétés en changement, faisant face à des difficultés économiques, politiques et culturelles persistantes.

Dans un contexte de brisures, il ne faut pas s'étonner de constater que le sens du moral et de l'immoral soit moins aigu, donc plus relatif et plus incertain. Un sondage sur la délation, publié par l'hebdomadaire français le *Nouvel Observateur* (du 7 au 13 septembre 1989), nous fournit un bon exemple du relativisme des valeurs notamment en ce qui concerne le devoir fiscal. L'enquête révélait que 34 % des Français se déclaraient prêts à dénoncer volontiers un salarié qui vole son entreprise. Par contre, 12 % seulement feraient de même à l'égard d'un délinquant fiscal. Plusieurs parmi les répondants à l'enquête croient que le fait de dissimuler une partie de ses revenus au fisc ne constitue pas un vol qualifié. À la rigueur, on ira jusqu'à admettre, tout

Déclaration des droits du contribuable

Vous avez le droit d'être entendu et d'être traité avec courtoisie. Le traitement équitable d'une plainte est un droit fondamental. Vous aider à faire valoir vos droits constitue une obligation pour nous.

Dans vos rapports avec Revenu Canada en matière d'impôt sur le revenu, vous jouissez de droits importants.

Information

Vous avez le droit à des renseignements complets et exacts sur la *Loi de l'impôt sur le revenu*, sur les bénéfices qu'elle vous confère et les obligations qu'elle vous impose.

Impartialité

Vous avez le droit d'exiger une application impartiale de la loi. Nous avons la responsabilité de percevoir le montant exact d'impôt, ni plus, ni moins.

Courtoisie et considération

Vous avez le droit d'être traité avec courtoisie et considération dans tous vos rapports avec nous, qu'il s'agisse de demandes de renseignements, d'entrevues ou de vérifications.

Présomption d'honnêteté

Vous avez le droit d'être présumé honnête jusqu'à preuve du contraire.

Les lois du Canada vous confèrent de nombreux droits.

Protection et confidentialité des renseignements

Vous avez le droit de vous attendre à ce que nous utilisions les renseignements personnels et financiers que vous nous fournissez aux seules fins prévues par la loi.

Examen impartial

Vous avez le droit de contester une cotisation si vous croyez être lésé. Vous devez exercer ce droit dans un délai prescrit. Une fois que vous aurez produit un avis d'opposition, nous procéderons à un examen impartial de votre dossier. Si la question n'est pas réglée à votre satisfaction, vous pouvez interjeter appel devant les tribunaux.

Sommes contestées

Vous avez le droit de retenir les sommes contestées, sous réserve du montant prévu par la loi, jusqu'à ce que nos agents ou un tribunal aient rendu une décision sur l'objet de la contestation. Si vous en appelez d'une décision devant un tribunal supérieur, vous pouvez fournir une garantie en guise de paiement des sommes contestées.

Service bilingue

Vous avez le droit d'être servi dans la langue officielle de votre choix.

Vous avez le droit d'être informé de vos droits et d'exiger qu'ils soient respectés.

Vous avez droit à tous les avantages prévus par la loi.

Vous avez le droit de mener vos affaires de façon à payer le minimum d'impôt prévu par la loi. Nous nous engageons par ailleurs à appliquer les lois fiscales de façon uniforme et équitable. Nous ferons preuve de fermeté à l'égard des personnes coupables d'évasion fiscale.

Revenu Canada

au plus, qu'il s'agit là d'un larcin bien insignifiant et sans grande conséquence. On ne semble pas prendre conscience que cette dérobade sera assumée éventuellement par l'ensemble des contribuables lors d'une majoration des taux d'imposition. On sait maintenant que les Québécois jugent sévèrement ces comportements même s'ils disent en comprendre les raisons (Tremblay et Lachapelle, 1996). Seraient-ils prêts cependant à les dénoncer? On ne le sait pas encore; mais, on peut, en toute logique, se demander en quoi leurs comportements seraient différents de ceux des Français sur ce terrain.

Cette atténuation du sens du devoir fiscal, André Margairaz et Roger Merkli (1985) l'imputent au dérapage de l'État-providence. Selon eux, l'État providentiel a tellement étendu ses ramifications, qu'il est désormais perçu comme une entité indépendante des contribuables, une institution détachée de la collectivité; il y aurait rupture d'identité entre l'État et le citoyen. Tout se passe comme si le citoyen s'était forgé une conception erronée de l'État; c'est l'illusion de la gratuité qu'invoquait Jean-Luc Migué (1985). Le citoyen ne se sent plus responsable de l'État, comme il l'est habituellement face à ses propres biens. Il ne voit alors dans la taxation que les aspects contraignants et les injustices apparentes. La tentation est alors grande de se faire justice soi-même.

La question morale de l'évitement fiscal est intimement liée au sentiment de justice chez le contribuable. Lorsque des privilèges sont consentis à certains groupes de contribuables, bien que ce soit pour une fin précise et une durée limitée comme on l'a vu précédemment, une telle décision de politique fiscale est susceptible d'être interprétée comme étant partiale et injuste. Celui qui, en réaction à cela, fuit le fisc ou le fraude ne considère pas son geste comme un délit, puisqu'il est juste, du moins, le croit-il.

Ce qui confère valeur et autorité à une loi, ce sont précisément ces caractères d'universalité, de stabilité et d'impartialité. Or, aucune loi fiscale ne s'applique réellement de manière universelle et impartiale, ne serait-ce qu'en raison du jeu des crédits ou des exemptions. Quant au caractère de permanence, il est complètement dilué par le perpétuel remaniement des lois fiscales. Il en résulte une apparence d'injustice et d'inéquité qui se substitue à la nécessaire apparence de justice et d'équité et qui, de l'avis de certains, cautionne largement la pratique de l'évitement fiscal.

Du sentiment d'injustice au sentiment d'oppression, il n'y a qu'un pas que bon nombre d'individus franchissent allègrement. Dès que le fardeau fiscal dépasse un certain seuil, comme nous l'avons déjà mentionné, une partie des contribuables se sentent opprimés et associent chaque prélèvement fiscal additionnel à autant de spoliation de la part des administrations. La fuite devant l'impôt leur fournit alors un outil de résistance dans une cause qu'ils estiment être juste.

Un moyen de défense

L'évitement de l'impôt fournit aux contribuables un moyen de résister aux volontés des autorités gouvernementales. C'est ce que pense Guy Peters (1989) pour qui l'absence de mouvements organisés de protestation contribue à stimuler la fraude fiscale, les citoyens n'ayant pas à leur disposition un moyen efficace pour exprimer leur mécontentement. Dans cette ligne de pensée, comme le souligne Jean-Jacques Neuer (1986): «La fraude fiscale est l'expression de l'insurrection de l'individu contre l'État.» D'autres, comme Jean-Claude Martinez (1984) vont d'ailleurs jusqu'à soutenir que la fraude est une preuve de saine démocratie. Il écrit notamment que: «[...] contrairement à l'idée trop simple qui fait de la fraude un comportement antidémocratique, c'est plutôt le seul modeste moyen d'expression directe de son consentement qui est ouvert au contribuable [...]». On peut penser que Martinez exagère. Peut-être! Toutefois, l'idée de considérer les comportements abusifs et délinquants comme un exutoire d'un certain mécontentement est séduisante. Ces comportements, tout choquants qu'ils puissent paraître d'un point de vue moral, sont utiles, voire souhaitables si servis à petite dose; ils empêchent l'apparition de comportements beaucoup plus violents porteurs de révolutions. Les gouvernements ne peuvent pas être insensibles à une telle soupape de sécurité. Comme le commerçant qui compense ses pertes dues au vol à l'étalage par la hausse du prix de vente, les responsables de la politique fiscale doivent probablement ajuster, du moins en partie, les taux d'impôt en fonction de l'évasion et de la fraude; mais cela, ils ne l'avoueront pas et ils ne doivent pas le dire pour ne pas favoriser et encourager cette pratique.

L'évaluation des performances gouvernementales

Sur un plan un peu moins philosophique, les astuces que le contribuable utilise pour contourner l'impôt constituent un désaveu certain de la performance de l'administration en place. Cette réprobation peut porter tantôt sur une décision, tantôt sur un programme spécifique ou encore sur l'ensemble des politiques et de l'administration gouvernementales. Le rejet peut aussi être plus profond, plus viscéral: il peut s'agir d'une opposition fondamentale à l'idéologie et aux orientations politiques véhiculées par un gouvernement ou une administration. On comprendra que le contribuable appréciera davantage les politiques gouvernementales dans la mesure où la proximité idéologique, voire, dans une certaine mesure, sentimentale avec une administration est grande.

Si nous poursuivons sur cette logique, on peut alors avancer que, à l'inverse, l'éloignement politique entre le citoyen et le gouvernement est susceptible de favoriser l'évasion. Ce n'est là, cependant, qu'une hypothèse dont la vérification ne s'est pas révélée totalement concluante (Tremblay et Lachapelle, 1995) après une recherche auprès des contribuables. La méfiance à l'endroit du gouvernement n'est qu'une piste d'explications parmi bien d'autres. La conformité aux lois fiscales et la retenue face aux possibilités d'évasion ne sont pas *de facto* synonymes d'approbation des politiques et programmes gouvernementaux. Il se peut, par exemple, que les outils permettant la fraude soient inaccessibles et il se peut aussi que la crainte et le coût des sanctions fassent reculer certains contribuables moins audacieux. En somme, de tous les comportements fiscaux, celui de la conformité à la loi est probablement celui dont l'interprétation est la plus difficile parce qu'il n'émet pas de message discernable; à tout le moins, il ne peut être ni approbation, ni réprobation.

Le calcul économique

Longtemps les chercheurs ont pensé que les raisons qui incitent un contribuable à chercher à pratiquer l'évitement sont prioritairement économiques. Dans leurs études, les motifs d'ordre politique, moral, psychologique et technique recevaient bien peu d'attention pour ne pas dire aucune. Aujourd'hui, l'état des recherches sur le sujet nous amène à plus de circonspection et on ne peut plus affirmer péremptoirement qu'un de ces facteurs a préséance sur un autre. L'évitement fiscal procède de l'enchevêtrement de tous ces motifs, mais à des dosages qui varient en fonction des individus et des conjonctures.

Ceux qui ne retiennent que le facteur économique comme explication majeure de l'évitement fiscal prétendent que le contribuable se livre à des analyses coûts–bénéfices avant d'adopter un comportement ou l'autre. D'autres vont plutôt insister sur le contribuable comme gestionnaire de risque. Ces auteurs soutiennent que lorsque le risque d'être attrapé par le fisc à la suite d'une déclaration frauduleuse est grand, le contribuable se penchera sérieusement sur le rapport gain/

pénalité. Selon les probabilités qu'il aura calculées le contribuable ne se risquera à la fraude que s'il est convaincu que cela lui rapportera des avantages substantiels et que les pénalités encourues constitueront des pertes légères. Quoi qu'il en soit, tous les économistes de la fraude fiscale soutiennent que plus l'imposition est lourde, plus le gain éventuel sera alléchant. Ils font peu de place aux pressions sociales et aux valeurs morales dans la détermination des attitudes et des comportements (Mehl et Beltrame, 1984).

Un phénomène conjoncturel et en expansion

La conjoncture économique, tout comme la situation financière personnelle du contribuable, sont des facteurs non négligeables dans l'adoption d'un comportement fiscal délinquant. En période de récession, le contribuable cherche instinctivement à maintenir son pouvoir d'achat lorsque la pression fiscale s'accroît; la fuite devant le fisc lui offre une voie accessible et relativement efficace d'y parvenir. Ce besoin n'est pas aussi pressant dans un contexte de croissance économique, l'augmentation de la pression fiscale pouvant être plus facilement compensée par une majoration du revenu.

Le marasme économique et les divers problèmes sociaux conséquents rendent les contribuables plus sensibles au seuil de tolérance à l'imposition. Les ressources pécuniaires des individus et des entreprises se faisant plus rares, la tentation du délit fiscal devient plus forte; c'est, du moins, ce que croient les contribuables eux-mêmes. Nous avons posé la question à un échantillon représentatif de la population québécoise. La majorité des personnes interviewées nous ont affirmé que, selon elles, la fraude fiscale a augmenté au Québec au cours de la décennie des années 80[27] (Tremblay et Lachapelle, 1995). Au cours de cette période, la part des impôts dans l'ensemble des dépenses des individus a augmenté au point où la majeure partie des augmentations salariales a été absorbée par le fisc. Logiquement on pourrait en déduire que l'importance de l'évitement fiscal est directement proportionnel à l'alourdissement du fardeau de l'imposition. Si cette conclusion était vérifiable sans aucune équivoque, la théorie de Laffer aurait un certain sens. Mais ne perdons pas de vue que l'évitement fiscal n'est pas induit par le seul facteur économique; il est souvent la conséquence de malaises plus profonds et moins faciles à discerner de prime abord, ainsi que nous l'avons déjà dit.

---

27. L'enquête s'est déroulée en juin 1993.

L'occasion fait le larron

L'habileté du contribuable à contourner les dispositions de la *Loi de l'impôt* est un des facteurs explicatifs du phénomène. En effet, il faut bien se rendre compte que la personne dont les ressources permettent le recours à l'expertise d'un fiscaliste est en bonne position pour affronter le fisc. Tandis que l'individu qui doit compter uniquement sur lui-même est généralement moins bien armé et forcément moins téméraire. Pour qui n'est pas rompu aux règles du fisc et du jeu fiscal, les risques de se faire «pincer» sont la plupart du temps, beaucoup plus grands. Malgré tout, ils sont nombreux ceux qui «succombent à la tentation». Ainsi on rapporte en France que, pour la seule année 1967, près de 50 % des membres des professions libérales dont les déclarations ont fait l'objet de vérifications ont vu le fisc rehausser de manière importante leurs cotisations. De plus, une enquête du *Nouvel Observateur*, publiée le 22 mars 1985 et portant sur le pourcentage de fraudeurs par catégorie de profession, a permis d'établir que les experts-comptables raflent le premier rang au palmarès des meilleurs contribuables. Un tel résultat laisse songeur : ou bien les membres de cette profession sont plus respectueux des lois fiscales, ou bien ils sont tout bonnement mieux armés pour les contourner. Une bonne proportion des répondants à notre propre sondage sur le sujet croient que l'habileté de certains individus rend encore plus injuste un système déjà partial au départ (Tremblay et Lachapelle, 1995). Les lacunes de la loi fiscale, la formation déficiente des agents du fisc et l'action de conseillers fiscaux peu scrupuleux sont d'autres facteurs d'ordre essentiellement technique qui peuvent aussi encourager l'évitement fiscal (Margairaz et Merkli, 1985). Toujours au chapitre des facteurs d'évasion et de fraude, il faut ajouter l'organisation de l'économie sur le plan mondial. Cette organisation participe activement à la progression des sommes dissimulées au fisc. En effet, la libre circulation des capitaux permet aux firmes transnationales et aux individus fortunés de soustraire une part importante, sinon la totalité, de leurs bénéfices à l'emprise de l'administration fiscale des pays d'origine.

Les pratiques de l'évitement

À n'en pas douter, le contribuable est capable d'une grande ingéniosité et d'une très grande débrouillardise lorsqu'il s'agit de réduire sa contribution au Trésor public. Pour s'évader, certains vont s'abstenir de poser un «geste taxable»[28] ou de posséder un bien imposable selon la

---

28. Ce que nous avons déjà désigné comme étant « le fait générateur ».

loi. C'est le cas du fumeur qui abandonne son habitude, ou de l'individu qui refusera d'acheter une maison unifamiliale à cause du peu d'avantages fiscaux que cela comporte. D'autres essaieront, quant à eux, de tirer profit de la moindre faille du système, trouvant parfois chez le législateur un allié inattendu et complaisant.

La fraude, comme le disait Maurice Lauré dans son premier ouvrage sur la politique fiscale (1956), est le fait de donner délibérément une fausse représentation de la vérité afin d'échapper à l'impôt. Cette fausse représentation se fait, la plupart du temps, au moyen de la dissimulation matérielle, par les écritures comptables ou encore par une dissimulation juridique. La contrebande est l'exemple type de la dissimulation matérielle; on évite ainsi les droits de douanes qui, sur certains produits, peuvent s'avérer très lourds.

Les écritures comptables, pour leur part, permettent à un contribuable (surtout corporatif) de recourir à la double tenue de livre: une pour le fisc et une autre pour les gestionnaires où sont consignés les activités et les résultats réels de l'entreprise. En plus de faciliter l'amalgame des dépenses personnelles et des frais généraux, cette pratique ouvre la voie à l'abus d'amortissements, à la vente sans facture et, inversement, à la facture sans vente. Quant à la dissimulation juridique, elle consiste – pour reprendre les termes de Gaudemet et Molinier – à «maquiller une situation de fait derrière une situation juridique apparente moins exposée» (1993). C'est le cas lorsque les revenus tirés de la participation aux bénéfices d'une compagnie sont encaissés sous forme de salaire, ou encore lorsqu'on fait passer pour une vente ce qui est en fait une simple donation.

Ce ne sont cependant pas tous les impôts ni toutes les taxes qui incitent à la pratique de l'évasion et de la fraude fiscales. Les prélèvements qui touchent les cordes sensibles des citoyens et dont l'administration est très complexe sont les plus exposés à l'évitement. De tous les prélèvements, les plus visés par la fraude sont sans nul doute les impôts à la consommation (en raison du «pas de facture, pas de taxe»), talonnés de près par les impôts sur le revenu d'emploi (à cause du travail au noir). Quoi qu'il en soit, l'évitement fiscal sous toutes ses formes entraîne des conséquences sérieuses.

Les conséquences de l'évasion et de la fraude

Les conséquences les plus immédiatement perceptibles de l'évasion et de la fraude sont: la perte de revenus fiscaux et le déséquilibre de la distribution du fardeau des impôts telle que prévue par la politique fiscale. Pour atteindre le montant de revenus dont il a besoin, l'État est contraint, à cause des contribuables qui se dérobent, d'exercer une pression fiscale accrue sur l'ensemble des contribuables. Le refus de payer l'impôt lèse ainsi le contribuable respectueux de son devoir fiscal et nie du même coup les principes de justice et d'équité sur lesquels s'appuient les autorités gouvernementales pour justifier la politique fiscale qu'elles ont choisie. Qui plus est, l'évitement pratiqué à grande échelle modifie dans les faits la configuration de la politique fiscale et met en péril l'atteinte des résultats escomptés.

Les remèdes à la fuite devant l'impôt

Pour combattre l'évasion fiscale, et surtout la fraude, l'État peut choisir entre la prévention ou la répression. S'il opte pour la première, il devra travailler à rendre le contribuable conscient du rôle de l'État, de ses différentes missions et, surtout, des différentes finalités de l'impôt, ce qui n'est pas une tâche qui va de soi. La majorité des citoyens sont peu informés de ces questions, d'autant plus que la méfiance qui grandit à l'égard des autorités publiques ne contribue pas à améliorer le niveau de connaissance de ces mêmes citoyens.

Cela nous amène à dire qu'une stratégie gagnante de lutte contre l'évasion et la fraude passe aussi par l'amélioration des relations entre le fisc et le contribuable. Cela peut se faire en informant ce dernier de ses droits et de ses obligations, et en instaurant un plus grand «*fair play*» dans l'administration de la loi fiscale. La prévention nécessite beaucoup de temps, beaucoup de ressources et une excellente coordination de l'ensemble des programmes publics. Ces ingrédients sont loin d'être toujours présents, de sorte que, le plus souvent, l'autorité fiscale se rabat sur la répression pour lutter contre la fraude et les abus. On voit alors surgir, comme ce fut le cas il y a quelques années au Québec, une «police du tabac» dont les résultats n'ont pas justifié les coûts des ressources investies.

Bref la fuite fiscale est un phénomène insidieux dont les effets débordent le strict cadre des budgets publics.

On conçoit facilement qu'une société où l'évitement fiscal se pratique sur une grande échelle est une société pour laquelle les politiques de taxation seront difficiles et peu efficaces. Inversement, là où le sentiment d'appartenance est très présent, les politiques de taxation vont bénéficier d'un contexte social favorable.

Par contre, lorsque, par exemple, l'économie se cherche un nouveau départ et que les difficultés sociales s'incrustent dans une société en perte d'identité, comme c'est actuellement le cas au Canada, le marasme des finances publiques fait peser sur le citoyen de sérieuses menaces de réduction des services publics. Le sentiment d'insécurité que cela engendre crée une situation critique qui enclenche à son tour un processus de désagrégation de la crédibilité des autorités et des institutions publiques, s'installe alors dans la population un climat de méfiance, d'opposition, voire de rejet de l'autorité politique. Tout cela conduit à coup sûr vers l'évasion fiscale et, pire encore, vers la délinquance fiscale.

CONCLUSION

Le vin moderne est trop souvent plein de sulfure, de stabilisateurs chimiques, de fongicides, d'additifs, d'alcool et de sucre de betterave. Ce sont ces adjonctions, non l'alcool de raisin, qui sont à l'origine de la plupart des «gueules de bois».

John Saul, *Les bâtards de Voltaire*, p. 339.

Tout comme le vin dont parle John Saul, la politique fiscale des sociétés modernes et industrialisées a été fortement « enrichie » par des fonctions additionnelles, au point de s'être éloignée au fil des ans de sa nature première et, de ce fait, de causer des maux de tête permanents tant aux autorités gouvernementales qu'aux contribuables. Au point, aussi, où on perd de vue la première finalité de la politique fiscale et qu'en mesurer le rendement devient une tâche extrêmement difficile.

Aujourd'hui, nous sommes très loin du temps où l'impôt n'était qu'une source de financement des administrations publiques, sans plus. À présent, les gouvernements se servent des taxes et des impôts pour soi-disant « façonner » la société. L'impôt est devenu un outil économique et social.

La conséquence de l'élargissement des fonctions de la politique fiscale est que celle-ci sert de lien d'affrontement entre divers acteurs dont les intérêts sont, le plus souvent, en opposition. Les luttes de pouvoir et d'influence pour la satisfaction de la diversité des intérêts qui s'y font jour et qui, le plus souvent, sont, répétons-le, contradictoires, ne se livrent pas toujours à visière levée. Qui plus est, le jeu est rarement d'égale force. Si les moyens d'action de certains des intervenants sont plutôt faibles, en revanche d'autres disposent de leviers très puissants pour faire entendre leur point de vue.

Les gouvernements arbitrent ces conflits avec «les moyens du bord», en ce sens que les outils dont ils disposent sont plutôt limités. Il faut voir également que ces moyens ne sont nullement exempts des préjugés que véhicule l'autorité gouvernementale elle-même. Il n'est alors pas étonnant de constater que les politiques fiscales – assimilables qu'elles sont à un perpétuel exercice d'équilibre – soient toujours ressenties comme insatisfaisantes et peu efficaces par l'un ou l'autre des groupes de la société. Comprendre la politique fiscale de l'État, quel que soit le palier administratif concerné, passe donc, avant tout, par l'identification des forces agissantes de la société, de leurs intérêts et de leurs stratégies.

Mais il n'est pas que les tiraillements nés d'intérêts opposés qui offrent des embûches dans le processus d'élaboration des politiques fiscales. Que l'économie s'essouffle, et la marge de manœuvre des décideurs se rétrécit comme une peau de chagrin pour devenir quasi inexistante à certains moments. Ainsi, la plus récente récession économique dont on a peine à sortir a enfoncé davantage les finances publiques dans des difficultés devenues presque insurmontables; contraignant ainsi les gouvernements à remettre en cause leurs programmes de dépenses dont l'efficacité est de plus en plus remise en question.

Par ailleurs, en dépit des efforts de rationalisation, le besoin fiscal des gouvernements ne cesse de croître, en raison principalement de la dette nationale qui atteint des sommets vertigineux. Et alors que s'alourdit le fardeau fiscal des citoyens, du fait de cette dette, leur capacité contributive s'affaiblit. En bout de piste, la pression fiscale est telle pour le contribuable qu'elle engendre chez lui des comportements préjudiciables à la santé financière de l'État, comportements qui nous amènent à soutenir que la résistance à l'impôt peut également être un moyen d'expression politique.

Dans l'introduction de son recueil de textes sur la politique fiscale au XXIe siècle, Herbert Stein écrit que l'impôt est l'une des rares choses dont on soit assuré de la survivance. Au cours des prochaines décennies, bien des objets disparaîtront avec l'évolution de nos habitudes, mais la fiscalité demeurera. Elle devra cependant s'adapter à toute une série de phénomènes propres aux sociétés industrielles et dont on ne voit encore que la pointe de l'iceberg. Ce sont, notamment, le vieillissement de la population, la mobilité des capitaux, des entreprises et de la main-d'œuvre, le développement technologique et le bouleversement des valeurs sociales.

Devant cette perspective d'avenir, trouver les ressources pour le financement des programmes publics et les rendre véritablement efficaces sont là les nouveaux défis des gouvernements. Et dans ce grand chambardement, la politique fiscale a un rôle clé à jouer, et elle le jouera d'autant mieux qu'elle parviendra à se poser comme le fruit d'un nouveau pacte social entre tous les acteurs. Pour ce faire, il sera indispensable d'harmoniser les discours et de fonder la démarche de recherche sur une définition appropriée et «universelle» de la justice, de l'équité et de l'efficacité.

BIBLIOGRAPHIE SÉLECTIVE

ARDANT, Gabriel (1965). *Théorie sociologique de l'impôt*, 2 tomes, Paris, SEVPEN.

ARDANT, Gabriel (1972). *Histoire de l'impôt*, Livre I et II, Paris, Fayard.

BASLÉ, Maurice (1989). *Systèmes fiscaux*, Paris, Dalloz.

BECK, Bernard et Georges VEDEL (dir.) (1984). *Études des finances publiques*, Paris.

BELTRAME, Pierre (1975). *Les systèmes fiscaux*, Paris, Presses universitaires de France.

BERNARD, André (1992). *Politique et gestion des finances publiques, Québec et Canada*, Sainte-Foy, Presses de l'Université du Québec, 490 p.

BERTONI, Pascale (1995). *Les politiques fiscales sous la cinquième république: discours et pratiques 1958 et 1991*, Paris, L'Harmattan, coll. Logiques juridiques.

DAFFLON, Bernard et Luc WEBER (1984). *Le financement du secteur public*, Paris, Presses universitaires de France.

DOERN, G. Bruce, Allan M. MASLOVE et Michael J. PRINCE (1991). *Public Budgeting in Canada, Politics, Economics and Management*, Ottawa, Carleton University Press.

DUBERGÉ, Jean (1990). *Les Français face à l'impôt*, Paris, LGDJ.

GAUDEMET, Paul Marie et Joël MOLINIER (1993). *Finances publiques*, tome 2, Paris, Montchrestien.

GILLESPIE, IRWIN J. (1991). *Tax, Borrow and Spending: Financing Federal Spending in Canada, 1867-1990*, Ottawa, Carleton University Press.

GREFFE, Xavier (1993). *Comprendre la politique économique*, Paris, Economica.

HARTLE, Douglas J. (1988). *The Expenditure Budget Process of the Government of Canada*, Toronto, The Canadian Tax Foundation.

HORRY, Isabella, Philip PALDA et Michael WALKER (1994). *Tax Facts 9*, Vancouver, The Fraser Institute.

KRASNICK, Mark (dir.) (1986). *Le fédéralisme fiscal*, Ottawa, Approvisionnements et Services Canada.

LAFFER, Arthur (1981). *L'ellipse ou la loi des rendements décroissants*, Bruxelles, Institutum Europæum.

LAURÉ, Maurice (1965). *Traité de politique fiscale*, Paris, Presses universitaires de France.

LAURÉ, Maurice (1993). *Science fiscale*, Paris, Presses universitaires de France.

LAVIGNE, Stéphane (1991). *Contributions indirectes et monopoles fiscaux*, Paris, Presses universitaires de France.

LEWIS, A. (1982). *The Psychology of Taxation*, New York, St. Martin's Press.

MARTINEZ, Jean-Claude (1984). « La légitimité de la fraude fiscale » *in* Bernard Beck et Georges Vedel, *Études de finances publiques*, Paris, Economica.

MARTINEZ, Jean-Claude (1990). *La fraude fiscale*, Paris, Presses universitaires de France.

MASLOVE, Allan H. (1973). *L'incidence des impôts au Canada*, Ottawa, Conseil économique du Canada.

MATOUK, Jean (1987). *Le socialisme libéral*, Paris, Albin Michel.

MATTHIEU, Robert (1990). *Le racket fiscal*, Paris, Albin Michel.

McQUAIG, Linda (1987). *La part du lion*, Montréal, Éditions du Roseau.

MEHL, Lucien et Pierre BELTRAME (1984). *Science et technique fiscale*, Paris, Presses universitaires de France.

MIGUÉ, Jean-Luc (1985). *L'économiste et la chose publique*, Sainte-Foy, Presses de l'Université du Québec.

MUSGRAVE, Richard A. (1986). *Public Finance in a Democratic Society*, vol. 1, Oxford, Harvester.

NEUER, J.J. (1986). *Fraude fiscale internationale et répression*, Paris, Presses universitaires de France.

OCDE (1993). *Statistiques des recettes publiques dans les pays membres de l'OCDE 1965-1992*, Paris, OCDE.

PEACOCK, Alan T. et Jack WISEMAN (1961). *The Growth of Public Expenditures in the United Kingdom*, Princeton, National Bureau of Economic Research.

PECHMAN, Joseph (1986). *The Rich, the Poor, and the Taxes They Pay*, Boulder, Westview.

PERCEBOIS, Jacques (1991). *Économie des finances publiques*, Paris, Armand Colin.

PERRY, J. Harvey (1989). *A Fiscal History of Canada – the Postwar Years*, Toronto, The Canadian Tax Foundation.

PERRY, J. Harvey (1990). *Taxation in Canada*, 5e éd., Toronto, The Canadian Tax Foundation.

PETERS, B. Guy (1991). *The Politics of Taxation, a Comparative Perspective*, Cambridge, Blackwell.

RIVOLI, Jean (1965). *Vive l'impôt*, Paris, Seuil.

SALIN, Pascal (1985). *L'arbitraire fiscal*, Paris, Laffont.

SHOME, Parthasarathi (1995). *Tax Policy Handbook*, Washington, International Monetary Fund.

STEIN, Herbert (dir.) (1988). *Tax Policy in the Twenty-First Century*, New York, John Wiley.

STERDYNIAK, Henri *et al.* (1991). *Vers une fiscalité européenne*, Paris, Economica.

STEWART, Michael (1969). *Keynes*, Paris, Éditions du Seuil.

TADDEI, Bruno (1974). *La fraude fiscale*, Paris, Librairies techniques.

TREMBLAY, Pierre P. (1990). «Tel État, telle fiscalité», *Politique*, n° 17, p. 31-58.

TREMBLAY, Pierre P. et Lawrence OLIVIER (1992). *Le citoyen face à l'impôt: l'évitement fiscal comme mode d'opposition*, Montréal, UQAM, Département de science politique, note de recherche n° 40.

TREMBLAY, Pierre P. (1994). «Le message derrière le comportement fiscal: MacLuhan a-t-il raison?», *Recherches sociologiques*,
Bruxelles, n° 1, p. 53-75.

TREMBLAY, Pierre P. et Guy LACHAPELLE (1994). *Justice, équité,
fraude*, Montréal, UQAM, Département de science politique, note
de recherche n° 48, juin.

TREMBLAY, Pierre P. et Guy LACHAPELLE (1996). *Le contribuable,
héros ou malfaiteur*, Sainte-Foy, Presses de l'Université du
Québec.

WEBER, Luc (1988). *L'État, acteur économique*, Paris, Economica.

Marquis imprimeur inc.

Québec, Canada
2008